KB138806

하늘을 디디고
땅을 우러르며

하늘을 디디고 땅을 우러르며
ⓒ홍승수, 2018, 대한민국

2018년 6월 6일 1판 1쇄 펴냄
2020년 11월 15일 1판 2쇄 펴냄

지은이 홍승수
펴낸이 권기호
펴낸곳 공존
출판 등록 2006년 11월 27일(제313-2006-249호)
주소 (04157) 서울시 마포구 마포대로 63-8 삼창빌딩 1403호
전화 02-702-7025, 팩스 02-702-7035
이메일 info@gongjon.com, 홈페이지 www.gongjon.com

ISBN 979-11-963014-0-8 03040

하늘을 디디고
땅을 우러르며

어느 천문학자의
지상 관측기

홍승수

공존

어디서 한 송이 꽃이 피어날 때

그것은 우주의 큰 생명력이 꽃을 피우는 것이다.

법정

엄격한 선생님의 살가운 이야기

선생님은 천문학밖에 모르시는 줄 알았습니다. 저의 대학 시절, 선생님은 그저 무서운 선생님이었습니다. 그 시기에 천문학과를 다녔던 많은 사람들이 저의 말에 공감할 것입니다. 너무 엄격한 선생님은 학생에게는 대체로 무서운 선생님이니까요.

엄격함의 기준은 명확했습니다. 공부를 해야 한다는 것이었습니다. 대학생이 공부만 하기에는 너무 어려운 시절도 있었지만, 선생님의 기준은 언제나 변함이 없었습니다. 그 기준 외의 다른 요구 사항은 아무것도 없었기에, 선생님의 너무 엄격한 기준에 불만을 표할지언정 그것이 비난으로 이어지지는 않았습니다.

학생들에게 공부 이외의 다른 것을 요구하지 않으셨기 때문에 당연히 다른 일을 시키지도 않으셨습니다. 필요한 논문은 도서실에서 찾아 복사를 해서 읽어야 했던 시절에 선생님은 학과에서 가장 연장자이면서도 복사는 꼭 직접 하셨습니다. 그런 예들이 모여서 우리 천문학과에는 부당한 지시나 불합리한 위계 같은 것이 전혀 없는 분위기가 만들어졌습니다. 그것은 학생들 사이에서도 마찬가지였습니다. 저는 요즘 종종 뉴스에 등장하는 대학교 선후배 사이의 좋지 못한 관행이 학생들만의 잘못은 아니라고 생각합니다.

학생들에게 공부하기를 요구하신 만큼 선생님은 교육에 최선을 다하셨습니다. 엄격한 기준은 학생들에게만 적용한 것이 아니라 스스로에게도 적용하셨습니다. 학생들에게 충분한 교육의 기회와 내용을 제공하는 데 있어 절대 타협이 없으셨습니다. 선생님의 수업은 명강의로 유명했고, 어렵긴 하지만 틀림없이 '남는 것'이 있는 수업이었습니다.

공부에 대한 선생님의 엄격함은 기초과학 토양이 너무나 척박한 우리나라에 천문학이라는 생소한 학문을 뿌리내려야 한다는 사명감 때문이었다고 말씀하신 적이 있습니다. 사실 굳이 직접 말씀하시지 않아도 학생들 모두는 선생님의 마음을 알고 있었습니다. 사람은 본능적으로 다른 사람의 진정성을 알아볼 수 있는 능력을 가지고 있기 때문입니다.

선생님의 후세대 학문 교육을 향한 열정은 『코스모스*Cosmos*』 번역을 계기로 천문학 대중화에 대한 열정으로까지 이어졌습니다. 무슨 일이든 최선을 다하시는 선생님답게 이 활동에도 열과 성을 다하셨습니다. 그리고 새로운 세대의 천문학자 후보를 키워내는 한국천문올림피아드위원회에서도 역시 열과 성을 다해 일하셨습니다.

은퇴 후에는 국립고흥청소년우주체험센터의 원장으로 가서서 중고등학교 학생들의 천문학 교육을 위한 기반을 마련하셨습니다. 지금은 국립청소년우주센터로 이름을 바꾼 이곳은 우리나라 청소년 천문학 교육의 중요한 한 축을 담당하고 있습니다.

그래서 저는 선생님은 천문학밖에 모르시는 줄 알았습니다. 그렇다고 술 같은 것은 입에도 대지 않으실 거라는 생각을 해본 적은 없습니다. 단지 술과 선생님을 한 번도 연관시켜 생각해본 적이 없을 뿐이지요. 그렇기 때문에 이 책에서 처음 읽은 선생님의 '숙취' 사건(!)은 그야말로 저에게는 충격이었습니다. 그것도 처음 있었던 일이 아니었다고 하십니다.

선생님의 가족 사랑에 대한 이야기는 얼핏 들은 적이 있긴 하지만 아드님과 따님, 손자, 외손녀, 그리고 며느님에게까지 보내는 편지를 읽을 때는 저의 마음까지 따뜻해지는 느낌이었습니다. 이건 정말 당혹스러운 경험입니다.

천문학밖에 모르시는 줄 알았던 무서운 선생님의 섬세한 감성에도 놀랐습니다. 누구나 읽어 보면 알 수 있겠지만, 선생님의 글은 일가를 이룬 원로 과학자의 글이라기보다는 감성 가득한 사춘기 소년의 글에 더 가깝습니다. 물론 글에 담긴 삶의 깊이는 사춘기 소년의 수준이 절대 아니지만 말입니다.

이 책을 통해 알게 된 다양한 분야에 대한 선생님의 해박한 지식과 통찰력도 새삼 놀랍습니다. 생각해보면, 어쩌면 당연한 일입니다. 평생 공부를 게을리하지 않고 엄격한 원칙을 지키며 살아오신 분이 그 정도의 지식과 통찰력을 가지게 되는 것은 너무나 당연한 수순일 것이기 때문입니다.

학창 시절 자주 뵙지 못했던 무서운 선생님을 오히려 학교를 떠난 후에 뵐 수 있는 기회가 더 많았습니다. 설익었던 저의 생각이 성숙해 갈수록 선생님을 점점 더 이해하게 된 것이 이유가 아닐까 생각합니다. 하지만 뵐 때마다 선생님의 내공이 점점 깊어지는 것을 느끼기 때문에 저에게는 여전히 따라가기에 벅찬 선생님입니다.

학교에서 소문이 자자했던 선생님의 명강의는 수업을 들은 사람들만 듣기에 너무나 아까운 강연이었기 때문에 선생님을 최대한 많은 청중 앞에 세우기 위해 노력했습니다. 그리고 그 결과는 당연히 아주 성공적이었습니다.

이번에는 선생님 주변의 일부 가까운 분들만 볼 수 있었던, 선생님의 삶의 지혜가 듬뿍 담긴 글을 볼 수 있는 기회를 갖게 되었습니다. 천문학에 대한 이야기는 아니지만, 우주를 바라보던 천문학자의 글답게 넓으면서도 빈틈이 없는 글들입니다. 과학의 눈으로 세상을 본다는 것이 무슨 뜻인지 굳이 설명하고 있지는 않지만 글을 읽다 보면 자연스럽게 느낄 수 있습니다. 과학자도 이런 글을 쓸 수 있다. 아니, 과학자니까 이런 글을 쓸 수 있다고 사람들에게 자랑하고 싶습니다.

2018년 5월 18일

서대문자연사박물관 관장

이강환

오랜 친구의 향기로운 글을 읽고

한국전쟁 휴전 후 이태가 채 안 된 즈음인 1955년 3월 어느 날, 서울 동대문 밖 창신학교 6학년 1반 교실 맨 앞줄 가운데쯤 놓인 허름한 책상 앞에서 우린 짝꿍으로 만났다. 당시 우리는 그야말로 꼬마 중의 꼬마였다. 그날 이후 60년이 넘도록 이어온 특별한 인연도 바로 우리의 작은 키에서 비롯됐다. 게다가 누군가(담임 선생님 아니면 반장)의 눈대중으로 정해진 짝짓기에 의한 인연이었으니, 이걸 어떻게 설명을 해야 할까.… 언뜻 보기엔 우연인 듯하지만, 그간의 곡절을 돌아보면 필연이라 아니할 수 없어, 차라리 숙명이라 해도 좋을 듯한데, 너무 엄청난 말이라 조심스럽다. 전생에 못 다한 연緣이라도 있었나 싶지만, 이 또한 조심스럽다.

　그 시절 소년 홍승수가 살았던 당고개는 낙산駱山 줄기가 뻗어 내려온 곳에 자리 잡은 동네라서 지대가 높았다. 그의 집 장독대 위에 올라서면 저 멀리 남산, 인왕산, 북악산 앞자락까지 어디를 둘러보아도 걸리적거리는 게 하나도 없이 시야가 확 트였다. 놀랍게도 발아래에 '세상'이 쫙 펼쳐진 채로 누워 있었고, 늘 높아만 보였던 하늘조차 정수리 바로 위까지 내려와 있는 느낌이었다. 그래서 나에게 외우畏友 홍승수 교수의 산문집 제목 "하늘을 디디고 땅을 우러르며"는 매우 시사적示唆的이고 예사롭지가 않다. 이 짧은 표제 안에 그의 인생 역정이 고밀도로 함축되어 있는 듯하다.

우리는 한평생을 살면서 헤아릴 수 없이 많은 순간과 찰나를 끊임없이 흘려보내는 것으로 시종始終한다. 그러다 보면 절대로 놓치고 싶지 않은 순간과 찰나도 적잖게 맞닥뜨리게 마련이다. 그럴 때마다 안 되는 일인 줄 뻔히 알면서 어떻게든 붙잡아 보려고 안간힘을 써 보기도 한다. 하지만 이내 그것이 어림없는 일임을 새삼 깨닫고 자신의 재주가 비천鄙淺함을 탓하면서 헛된 욕심을 접게 되는 경우가 대부분이다.

홍 교수의 산문집 『하늘을 디디고 땅을 우러르며』에 실린 별빛처럼 빛나는 글들을 하나하나 섭렵하면서, 나는 그가 짧지 않은 인생 행로에서 우연히(아니, 어쩌면 필연히) 만나 무심코 지나칠 수도 있었던 순간과 찰나의 연緣들을 어떻게 붙잡아 숨을 불어넣고 생동감 넘치는 이야기로 탈바꿈시키는지 숨을 죽이며 살펴보았다. 또한 어떻게 낯익은 것에서 낯선 것을 찾아내 새로운 대상으로 변모시키는지도

감탄사를 연발하며 눈여겨보았다. 그런 순간과 찰나와 대상을 완벽하게 포박捕縛해 놓고 독자를 끌어들여 함께 결박結縛하려는 게 그의 의도였을 것이다. 보기 좋게 성공하고 있다고 인정해야겠다. 오랜 세월에 걸쳐 다양한 삶의 공간에서 쓴 제각각의 글들을 엮은 책이기에 그러한 성공이 더욱 놀랍다. 구성의 짜임새와 흐름이 좋고 서른 편 넘는 글 가운데 빠지는 것이 없다.

사실 그의 문장은 유려해서 마치 독한 술에라도 취한 것처럼 정신없이 읽어 나가게 되는데, 이는 그가 구사하는 어휘들이 단순한 사전적 의미를 넘어 시어詩語와 같은 함축성으로 함께 어우러져 미문美文을 빚어냈기 때문이 아닐까 싶다. 타고난 시인의 감성에 천문학자로서 평생 몸에 뱄을 "끊임없는 트집거리 찾기"(홍 교수 본인이 스스로를 가리켜 하는 말이다!)가 독특한 조화를 이루어, 정교한 서사敍事와 실타래처럼 술술 풀리는 문장이 가히 일품이다.

그의 글이 주는 감동은 이뿐만이 아니다. 그가 평소에 스스로를 다스림에 있어 얼마나 철저하고 엄격한지, 아는 사람은 모두 안다. 그만큼 자기 성찰이 몸에 배어 있어 생각과 언행이 밝고 여유로우며, 타인과 세상을 보는 시선이 늘 선하고 따뜻하다. 또한 그는 하늘의 원리를 탐구하는 데 평생을 천착한 천문학자이면서, 하늘의 뜻을 헤아리고 따르는 데 진력해 온 천주교인이고, 땅 위에서의 삶을 이해하고 나누는 데 성실한 생활인이다. 그는 이 모든 것이 조화를 이룬 넓고 깊고

겸허한 시선으로 자신의 삶은 물론이고 우리가 함께 살아가는 세상까지 '관측'하고 있다.

이 특별한 관측기를 가장 먼저 읽는 행운을 누린 독자로서 모든 동료 지구인들께 일독을 권하고 싶다.

향기로운 글이다.

2018년 4월 22일 인도네시아에서

PT. Dayup Indo 대표

석웅치(일징)

작은 책에 조용한 외침을 담아

사노라면 허공을 향해 소리소리 지르고 싶을 때가 있습니다. 지나가는 사람이라도 붙잡고 가슴 터지도록 큰 소리로 얘기하고 싶을 때가 있습니다. 때론 하느님이 계시는 하늘에다 나의 작은 주먹을 날리고 싶을 때도 있었습니다. 너무 억울하고 분해서, 마음이 너무 아프고 슬퍼서, 어처구니없는 현실이 앞을 가로막고 있어서, 대책 부재의 절벽 끝에 내몰려서, 내가 알아낸 삶의 진실이라는 게 온통 모순투성이여서, 미치도록 소리치고 싶었습니다. 하지만 여태껏 큰 소리 한번 제대로 못 지르고 살아왔습니다.

물론 "하느님 감사합니다."가 제 입에서 절로 나올 때도 있었습니다. 오랫동안 해온 연구에 작은 진척이 보일 때, 제가 속한 작은 커뮤니티와 조국의 미래가 잠깐씩이라도 밝아 보일 때, 하느님이 내게 주신 섭리의 손길과 사랑의 의미를 뒤늦게 인식하게 될 때, 손녀와 손자가 행성 지구에 한 명씩 태어날 때, 아내와 같이해 온 지난 반세기가 온통 은총이었음을 깨닫게 될 때,… 나는 가슴에 북받치는 비이성적 감정을 주체하지 못하곤 했습니다. 이럴 때도 저는 정작 큰 소리 한번 제대로 못 질러 봤습니다.

　제가 기껏 할 수 있었던 건 두 가지였습니다. 성체가 모셔져 있는 감실 앞에 쭈그리고 앉아 침묵하는 하느님을 한동안 마주하다 그냥 일어서기가 그중 하나였습니다. 다른 하나는 컴퓨터 앞에 앉아서 머리와 가슴을 오가는 설익은 생각을 편지 형식으로 적어 가까운 이웃에게 보내기였습니다. 저를 이해해 줄 친근한, 그러면서 친절한 이웃이 저의 이메일 공세의 대상이었습니다. 수신자란에 이름이 오르는 이웃은 주제마다, 관심사마다 그 조합이 달랐습니다. 가족과 친척, 제가 믿고 따르는 학문 선배, 저를 좋아한다고 제가 오해할 법한 후배와 동료 교수, 반세기 넘는 긴 세월을 함께해 온 친우, 성간학교를 거쳐 나간 옛 제자, 고흥 내나로도에서 만 4년을 같이 일한 국립청소년우주센터(舊 국립고흥청소년우주체험센터)의 동료 직원, 저희 부부가 존경하고 따르는 사제와 수도자, 그리고 깨달음과 여유를 나누어 주시는 스님들께서 저의 이메일 공세에 시달리셔야 했습니다. 이 자리를 빌려 그동안 제게 주신 격려에 깊이 감사합니다.

　그리고 그 수신자란에 아주 특별한 인연도 들어 있었습니다. 도서 출판 공존의 권기호 사장이 바로 그입니다. 국립청소년우주센터에서의 원장 소임을 마치고 제천 산골의 함허재涵虛齋로 들어와 살게 된지 3년 반쯤 지난 어느 날이었습니다. 권기호-민유리 부부가 이 책에 실린 서른세 편의 원고를 엮어 들고 함허재를 찾아왔습니다. 당신 그동안 소리 한번 크게 못 지르고 살아왔으니, 하고 싶었던 그 얘기들을 활자로 새겨 세상 사람들에게 조용히 내보이자는 것이었습니다. 이 사람의 팔이 비틀린 셈입니다. 제 생각을 세상에 내보낸다는 게 두렵기는 해도 아주 싫지는 않았습니다. 못 이기는 척하면서 그렇게 하자고 동의했습니다. 다시 말씀드리자면, 이 한 권의 책에 실린 각각의 글을 제가 쓰긴 했지만, 그 글들이 옹기종기 모여 다듬어지고 한 권의 책으로 변신하는 데는 이 부부의 손길이 꼭 있어야 했습니다. 두 손 모아 감사합니다.

　세상이 저의 조용한 외침을 어떻게 들어주실지 모르겠습니다. 제 속마음을 드러내 보인다는 건 가슴 설레는 도전임이 틀림없습니다. 그럼에도 저의 설익은 생각에 침묵으로 일관하는 하느님이 이따금 제게 허락하신 묵언의 지혜가 조금이라도 묻어 있기를 소망하면서 이 작은 책을 세상에 조심스럽게 내놓습니다.

2018년 부활절, 세명대 Q에서

홍승수

차례

첫 번째 관측

나는 누구? 어디에서 어디로?

네 번째 관측

어느 천문학자가 말하기를

나의 베로니카

처제 베로니카와 동서 요셉 님께,

어제는 우리 모두 한껏 즐거웠습니다. 하지만 돌아오는 길에 나는 내가 너무 많이 떠들었다고 후회했습니다. 내 비록 차량 운행 열두 시간으로 육신이 피곤했지만, 그래도 양쪽 집 식구들이 한데 모여 저녁을 같이할 수 있어 마음은 무척 가벼웠습니다. 후회했다면서 그래도 다못 떠든 것 같습니다. 이렇게 계속하고 있으니까 말씀입니다.

오늘은 다른 날보다 좀 늦게 일어나서 최종태 교수의 루오에 관한 짤막한 글을 한 편 읽다가 처제가 생각났습니다. 그리고 부모님이 돌아가신 40년 전 그때가 머리를 스쳤습니다. 어제 부모님이 계신 광탄에 다녀온 탓도 있었겠지만, 빗길의 포천 역시 무관할 수 없겠습니다.

그러나 생각의 단초는 베로니카라는 이름입니다. 이렇게 운을 뗐으니 한번 들어보십시오, 두 분.

　그러니까 1969년 6월 15일이었을 것입니다. 부모님의 영결 미사가 종로성당에서 있었습니다. 군복 차림에 베로 만든 띠 하나만 달랑 팔에 두른 스물다섯 살 승수는 상주喪主로서 제대를 향해 꼿꼿이 서 있었습니다. 성전 창을 통해 들어오는 6월의 태양은 승수의 마음에 아랑곳하지 않고 찬란하기만 했습니다. 날씨는 참을 수 없을 정도로 무더웠고, 주위는 그 더위에 무게를 더하려는 듯 침묵으로 모두의 마음을 짓누르고 있었습니다. 나는 마냥 눈물을 흘리고 있었습니다. 경기도 포천군 일동면 낭유리에서 부모님 두 분의 동시 사망을 전하는 전보를 받던 순간에도 나는 울지 않았습니다. 아니, 울 수가 없었습니다. 포천군 낭유리에서 서울특별시 동숭동까지 그 긴긴 길을 흔들리는 버스에 실려 올 때도 나는 당장 눈앞에 닥친 이 일을 어떻게 처리해야 할지만 골몰했을 뿐, 눈물을 흘릴 마음의 여유가 없었습니다. 눈물은 여유 있는 자들의 사치였습니다.

　서울대학병원 영안실에서 발인을 끝내고 종로성당에서 영결 미사를 마치면, 즉시 영구차로 장지인 경기도 파주군 광탄으로 이동해야 합니다. 광탄에 도착하면 성당 어른들이 도와주신다지만, 거기서 진행될 일련의 절차에 내가 관여하지 않을 수 없는 노릇. 부모님의 장지를 서모 할머니가 묻혀 계신 망우리 공동묘지로 할 것이냐, 아니면 종로성당의 공원묘지가 있는 경기도 광탄으로 할 것이냐를 두고 나는 셋째 삼촌과 힘에 부치는 대립각을 세워야 했습니다. 결국 나의 고집에 광탄으로 결정되기까지 내가 겪어야 했던 고통과 두려움은 여기에 필설로 다 할 수가 없습니다.

이틀간의 사정이 이러하였으니 성당에 들어가서 다시 성당 문을 나설 때까지 한 시간 남짓한 미사 시간이 눈물을 흘릴 수 있도록 내게 허락된 유일한 기회였을 것입니다. 지금 생각해 보니 그렇다는 말씀입니다. 정말 눈물을 끝없이 흘렸습니다. 한없이 울었습니다. 한 사람의 몸속에 그렇게나 많은 물이 여분으로 남아 있다가 밖으로 표출될 수 있다는 사실을 나는 믿을 수가 없었습니다. 처음에는 소리 없이 흐르던 눈물이, 미사가 진행될수록 작은 소리를 동반하더니, 점점 흐느낌의 빠른 템포로 온몸을 흔들며 용출했습니다. 눈물과 울음이 164센티미터의 작은 체구를 마구 흔들어댔던 것입니다. 소리와 템포가 나의 숨통을 막아 쥐고 내 육신을 괴롭혔지만, 눈물을 흘릴 수 있다는 사실만으로도 나는 살 만했던 것 같습니다.

아, 그때 내 옆 통로에 서 있던 누군가가 자신의 손수건을 내 손에 쥐어 주었습니다. 그녀의 얼굴에도 눈물이 흐르고 있었습니다. 내 나이와 비슷했거나 서른을 많이 넘기지는 않은 여인이었던 것으로 기억합니다. 나는 그녀가 누구인지 알아보려 하지 않았습니다. 그 당시 그럴 수가 없었습니다. 고맙다는 뜻을 표현하지도 못했습니다. 그녀가 내게 건넨 손수건도 주체할 수 없이 흐르던 내 눈물을 다 흡수하기에는 역부족이었습니다. 들먹이던 가슴과 어깨와 머리를 내가 어떻게 다 가누며, 그 미사를 참례한다기보다 견뎌낼 수 있었는지 모르겠습니다.

그렇게 흐르던 눈물이 성당 문을 나서는 순간 딱 멈췄습니다. 나 자신이 나의 감정을 제어하여 눈물의 흐름을 막을 수 있다는 사실이 역겨웠습니다. 부모님의 장례를 치르면서 역겨웠던 것이 또 하나 있습니다. 내 입에 음식이 꾸역꾸역 들어가고 목구멍을 통과해 식도로 넘어간다는 사실이었습니다.

나는 아직도 내게 손수건을 건넨 그 여인이 누구인지 모르고 있습니다. 언제부터인가 나는 그 여인을 '나의 베로니카'라 부르기로 했습니다. 그래서 이름이 베로니카인 자매님들을 만날 때마다 움찔 충격을 받곤 합니다. 나의 베로니카는 지금쯤 어디에 있을까. 그 여인은 영원히 내게 무명의 은인으로 남아 있을 것입니다.

그러한 우리의 운명적 해우가 억울하다거나, 뭐 그래서 내가 이렇게 그 시절을 되뇌고 있는 것은 아닙니다. 어차피 인생이란, 세상으로부터 받은 것을 세상에 다 돌려주고 떠날 수 있는 게 아니지 않습니까. 나는 무척 많은 것을 이웃으로부터 받고 예까지 왔습니다. 이웃의 이름으로 내게 가까이 온 하늘의 뜻을 이제야 믿고 받아들이려 한다는 말씀입니다. 어차피 다 갚고 갈 수 없는 노릇이라면, 갚지 못한다는 이 엄연한 현실만이라도 곱게 받아들이자는 게 내 생각입니다. 그게 사람의 도리일 것입니다. 여기에 하늘이 명하는 겸손의 당위성이 자리합니다.

동서, 우린 어제 저녁상머리에서 같은 얘기를 했던 것으로 기억합니다. 우리가 그런 얘기를 할 수 있다는 것이 우리의 나이 탓만은 아닐 터.

그녀는 내게, 예수의 얼굴을 닦아준 여인으로 앞으로도 영원히 남아 있을 것입니다. 내가 그 순간에 겪은 고통이란 사실 성모가 십자가에 달린 예수를 앞에 두고 겪어야 했던 그것과 크게 다르지 않았을 것입니다. 적어도 슬픔의 강도 면에서 말입니다. 그렇다면 베로니카는 우리 모두에게 또 다른 성모입니다.

그런데 나는 여태까지 베로니카라는 인물이 성서에 나오지 않는다는 사실을 모르고 있었습니다. 오늘 아침 최종태 교수가 루오에 관해 쓴 글 「수난의 시대, 수난의 화가」에서 비로소 그 사실을 눈치 챌 수 있었던 것입니다. 루오도 베로니카를 자주 그렸다고 합니다. 화가 조르주 루오 역시 베로니카를 통해서 자신의 어머니를 보았기 때문일 것입니다. 루오의 어머니는 특별한 어머니였다고 최종태는 우리에게 들려줍니다. 왜냐하면 그의 어머니가 그에게 준 끝없는 사랑과 스승 구스타프 모로가 베푼 한없는 신뢰가 루오로 하여금 긴긴 세월에 걸친 괄시를 이겨내고 삶을 예술로 승화시킬 수 있게 해 줬기 때문입니다. 반 고흐(판 호흐)에게 형 테오가 있었듯이, 루오에겐 어머니가 계셨습니다. 최종태 교수는 자신의 글에서 또 이렇게 얘기합니다.

> 루오는 베로니카를 사랑했습니다. '베로니카'는 '참모습'이라는 뜻입니다. 성서에는 없지만 십자가의 길에 등장하는 여인입니다. 그 길가에서 울고 있는 여인들과는 달리 십자가를 쫓아가서 예수의 땀을 씻어 드립니다. 루오는 베로니카를 순박하고 청순하고 엄숙한 얼굴로 그렸습니다. 판화 「미세레레」에도 그렸습니다. 거기에다 루오는 다음과 같은 제목을 달았습니다. "부드러운 손수건 든 베로니카는 지금도 길을 가는데…"

그렇습니다, 베로니카는 무명의 인물로 남아야 제격이군요. 참모습에 이름을 붙이는 순간 그 모습이 사라지기 마련임을 간파한 이가 장자였던가요. 내가 나의 베로니카의 정체를 모르는 것은 하늘의 배려이며, 장자의 가르침 덕입니다. 지금으로부터 40년 전에도 우리 모두의 베로니카는 슬픈 자의 길을 같이 걸어 주었습니다. 내 곁에 서 있었던 그 베로니카는, 지금도 아픈 가슴을 안고 살아야 하는 이들에게 달려가 부드러운 손수건으로 그들의 아픈 가슴을 닦아 줄 것입니다. 내가 나의 베로니카를 다시 만날 수 있게 되는 길은, 내가 베로니카가 되어 그녀가 들고 다닌다는 그 부드러운 손수건을 내가 직접 손에 드는 수밖에 없을 것입니다. 내가 그렇게 변할 수 있을른지요, 두 분께 묻습니다.

2006년 7월 16일 수리산 발치에서
홍승수 라파엘 드림

나는 누구?
어디에서
어디로?

이 많고 많은 사람 중에

단 한 번의 눈빛으로

나의 심장을 관통해 버린

그대도 있다

    —이용헌, 「명중」

착각은 자유가 아니라 필연

나는 나 자신의 얼굴에 대해 알고 있습니다. 거울을 보면 어느 쪽에 점이 박혀 있는지 잘 알고 있습니다. 요즘 그 점의 색깔이 짙어지고 배경에 비해 두드러져 보인다는 점에 신경이 쓰이는 것도 사실입니다.

지지난주에 녹화한 것을 주일날 학교에서 검토했습니다. 90분 넘게 자신의 얼굴을 들여다보는 고역을 치렀습니다. 대우 사이버 강의의 녹화 내용을 보면서 무엇을 수정해야 할지 고민해야 했습니다. 처음부터 못마땅했습니다. 내 얼굴에 점이 너무 많다는 사실이 싫었습니다. 두 눈의 꼬리가 착 처진 것도 보기 싫었습니다. 쭈그러진 목줄기도 싫었습니다. 단호한 표정을 지으려는 자신의 입모습 또한 가관이었습니다. 자신이 강의하는 모습을 자신이 들여다보고 있어야 한다는 사실도 싫었습니다.

　무엇보다 내가 알고 있던 내 얼굴이 아니었을 뿐만 아니라 목소리도 내 귀에 익숙하지 않았습니다. 콧소리가 약간씩 울릴 때마다 송충이를 만지는 기분이었습니다. 내용도 못마땅했습니다. 내용의 양에 비해 사용한 시간이 너무 길었습니다. 다시 취록하기로 결심하는 도리밖에 선택의 여지가 없었습니다.

　화장의 필요성을 느꼈습니다. 나는 화장하는 남자를 싫어했는데, 어제는 화장의 필요성을 인정하게 됐으니, 사람은 참으로 알 수 없는 존재입니다. 함부로 장담도 낙담도 말아야 합니다. 점이 너무 두드러져 보여 싫다는 얘기를 녹화 팀장에게 했더니, 누구나 비디오테이프에 드러난 자신의 얼굴을 싫어한다고 했습니다. 우선 좌우 대칭이 바뀌기 때문에 그렇다는 것입니다. 녹화면에 보이는 자신의 얼굴과 거울을 통해 자신에게 익숙해진 얼굴의 좌우가 다르다는 점을 일깨워 주었습니다.

　그제야 알 것 같았습니다. 유난히 점이 많았던 이유를 그제야 알 수 있었습니다. 마음속 내 얼굴의 점들은 오른쪽에 있는데, 녹화된 내 얼굴에는 점들이 왼쪽에 있었습니다. 사실은 동일한 오른쪽이었지만, 거울에 나타나는 자기 모습의 좌우를 항시 바꾸어 받아들이던 습성이 녹화된 화면의 좌도 우로 자동으로 바꾸어 생각한 모양입니다. 그러니까 마음의 눈에 있던 오른쪽 점은 그대로 마음속에 자리 잡고 있는데, 녹화면에 드러난 내 얼굴의 왼쪽에서 새로운 점들을 발견했으니 점의 개수가 2배로 늘었던 것입니다. 점의 개수 증가가 나를 불안하게 하고, 나를 싫어하게 만들었습니다.

거울을 통해 아침마다 50년 넘게 들여다보아 잘 알고 있다고 생각했던 나의 얼굴이 상대방의 눈에 보이는 얼굴이 아니었구나 하는 생각에 자아 인식의 단초가 열리자, 나는 얼굴이 빨개졌습니다. 내가 생각했던 '잘난' 내가 아니라는 인식은, 착각은 자유가 아니라 필연이라는 결론에서 벗어날 수 없었습니다. 그렇다면 남이 나를 어쭙잖게 여길 때 부정할 것이 아니라 받아들여야만 했습니다.

그렇습니다. 인간은 착각하도록 길들여져 있습니다. 착각은 자유의 선택 사항이 아니라 필연의 족쇄랍니다.

2001년 3월 7일 관벽재에서

새들은 알고 있다

영래 요아킴 형님,

작은 산새 한 마리가 제 손에서 먹이를 가져갑니다. 손바닥에 주는 감촉은, 표현하기 어려울 정도로 극히 짧은 순간이었지만, 그래도 한 마리 새의 생명을 느끼기에 충분했습니다. 다람쥐에게 먹이를 가까이서 주어본 적은 있었지만 산새를 이처럼 대하기는 처음입니다. 계절 탓으로 산중에서 먹이 구하기가 힘들기 때문이기도 하겠지만, 저들이 사람을 가까이하려 하다 보니 그들 나름의 정情이 있나 봅니다. 앞으로 산행 중에는 견과류나 건빵을 한 줌씩 넣고 나서야겠습니다.

2007년 1월 5일

이영래

따끈따끈한 글입니다. 어제 쓰셨군요. 형께서 프란치스코 성인(새를 비롯한 동물과도 친교를 나누었다는 이탈리아의 가톨릭 수사)으로 다시 태어나는 순간이었습니다. 제 곁에는 새는 고사하고 사람조차 가까이 오지 않습니다.

어쩌다 거의 텅 빈 전철에 올라타는 행운을 맞는 경우가 있습니다. 정차를 거듭할수록 빈자리가 빠르게 사라집니다. 정거장마다 올라타는 사람들이 제각기 자기 자리를 잡기 때문입니다. 이 경우 저의 양옆 자리는 거의 나중에야 채워집니다. 제가 뭐 고약한 냄새를 피우기라도 하는 양, 사람들은 제 곁에 앉기를 꺼리는 듯합니다. 고약할 정도는 아닐지 몰라도 냄새가 있기는 한 모양입니다. 그 냄새의 정체를 알고 싶습니다. 짚이는 데가 있습니다.

가세家勢가 기울어 마포 토정동 꽃재로 쫓겨 가서 셋방살이를 할 때였습니다. 무쇠솥을 만들어 큰 재산을 모은 최 부잣집 바깥채에 방 한 칸을 얻어 세를 살았습니다. 그 당시만 해도 마포 전차 종점은 자연 그대로였습니다. 아침이면 새소리에 눈을 뜨곤 했으니까요. 그 집 행랑채의 대부분은 전쟁의 포화로 물러앉았고, 그래서 생긴 넓은 마당 한구석에 큰 울타리를 마련해 여러 마리의 닭을 기르고 있었습니다. 그런데 아침저녁으로 참새 떼가 몰려와 최 노인이 닭에게 준 양식을 공유했습니다. 울타리의 그물코는, 닭에게는 촘촘했지만 참새가 출입하기에는 충분히 넓었습니다. 그래서 나누어 먹기는 하늘의 섭리였던 것입니다.

하지만 사람들이 이러한 상황을 그냥 놔둘 리 없었습니다. 겨울이 되면 참새 사냥꾼들이 닭장 건너편 앵두나무 울타리 앞에 그물을 설치하고, 심심하면 한 차례씩 닭장으로 어슬렁 걸어갔습니다. 그러면 참새들은 침략자의 위협을 지나가는 소나기쯤으로 여기고, 늘 그랬듯이 앵두나무로 떼를 지어 날아갔습니다. 그러나 가지에 앉기 전에 망에 걸리고 말았습니다. 사냥꾼들은 망에 걸려 파닥거리는 참새들을 하나하나 떼어내기 전에, 그 작은 가슴을 꾹꾹 눌러 용골부터 분질러 놓았습니다. 살육의 현장에는 늘 시간이 없는 법이거든요. 그러고는 망에 감긴 발가락을 풀어 참새들을 떼어냈습니다. 중학생이던 승수는 참새를 떼어내는 일을 도와주곤 했습니다. 참새의 가느다란 발가락이 망을 움켜쥐지만 않았어도 그들이 그물코를 벗어날 수 있었다는 생각에, 저는 좀 안타까워했습니다.

더 이상 참새떼가 몰려올 것 같지 않을 무렵이 되면 그들은 사냥 도구를 챙겨 꽃재의 최 부잣집을 떠나면서 참새 몇 마리를 제게 던져주곤 했습니다. 그들이 갖고 간 참새는 포장마차에서 따끈한 청주 곁에 놓인 참새구이가 되었을 것이고, 저는 그 작은 것들의 털을 벗기느라 분주했습니다.

내 몸에서 나는 냄새 중 일부는 아마 그때 내가 구워 먹은 참새의 냄새일 것입니다. 그들의 원한이 거기에 녹아 있겠죠.

또 고백할 일이 있어요. 이건 피란살이 때의 '무용담'입니다. 아버지는 나라에 징용돼 가족 곁을 멀리 떠나셔야 했고, 서른다섯의 어머니는, 제 바로 밑의 두 살짜리 누이동생, 이모 한 분, 그리고 공부를 하겠다고 우리 집에 와 있던 나보다 열 살 손위인 조카, 이렇게 다섯을 전라북도 이리까지 데려갔습니다. 이리에 도착한 시기가 계절로 치면 꼭 이맘때였을 듯합니다. 거기서 저는 매일 동네 아이들과 함께 새롭고 신선한 충격의 삶을 살았습니다. 초가집 처마에 들어앉은 참새의 보금자리에 손을 집어넣어 새끼들을 잡아내곤 했습니다. 먹지는 않았던 것 같은데, 아, 그 뭉클하고 따스한 감촉이 제 기억에 남아 있습니다. 그때 희생당한 참새 새끼들의 뭉클한 원한이 아직 저에게 감돌고 있을 것입니다.

그런 못된 짓은 나이가 어렸기 때문만은 아니었나 봅니다. 네덜란드에 처음 갔을 때 또 하나의 사건이 있었습니다. 라이덴 시를 휘감아 도는 카날canal(운하)에 오리 떼들이 노닐고 있었습니다. 저걸 한 마리 잡아 구워 먹으면 참으로 맛이 좋을 것 같았습니다. 먹거리란 가장 원시적인 방법으로 먹어야 제 맛이 납니다. 그래서 저는 동물성 먹이는 모닥불에 구워 먹기를 좋아합니다. 쇠고기, 닭, 그리고 생선도 모두 그렇게 조리해서 먹는 게 제일 맛이 좋습니다. 그때 저는 박사까지 한 주제였지만, 이 원시의 충동이 제 골수에 그대로 남아 흐르고 있어서, 라이덴 운하에 드리워진 평화의 현현을 살육의 현장으로 바꾸어 놓

고 싶어 했습니다. 이 충동이 얼마나 강렬했던지, 결국 꿈속에서 오리
를 잡아 구워 먹고 말았습니다.

고백을 여기까지 하고 나니, 전철에서의 문제는 냄새보다 저의 눈
빛 때문이었음을 알게 됩니다. 사람들은 제 눈빛에서 '원한 서린 살
기'를 본능적으로 감지하는 겁니다. 그래서 그들은 제 곁에 와서 앉으
려 하지 않은 것입니다.

형의 비단결 같은 마음과 말씨야 우리 모두가 본능적으로 알고 있
습니다. 그렇다면 사람보다 본능에 더욱 철저하게 산다는 저 새들이
야 더 말해 무엇 하겠습니까? 그들은 알아요, 형이 그들에게는 악의
가 아니라 선의로 가득한 하느님의 자녀라는 사실을. 자연과 인간의
대칭적 관계를 누구보다 철저하게 이해하시기에, 형은 그렇게 열심히
산을 찾으시는 겁니다. 어찌 저 새들이 그걸 모를 수 있겠어요.

엷은 갈색의 안경을 쓰고 계시네요. 제가 형의 안경을 빌려 쓴다면
제 눈에서 보이는 '원한 서린 살기'를 좀 걸러낼 수 있을까, 고민해 보
지만 새들은 속지 않을 거예요. 형이 풍기시는 저 온유한 자태를 제게
서 발견할 수 없기 때문에. 부럽습니다, 형님.

수리산 새들에게는 누가 먹이를 주려나. 수리산에 눈이 내리고 있
습니다.

2007년 1월 6일 산본 우거에서

라파엘 드림

작은 산새 한 마리가 제 손에서 먹이를 가져갑니다. 2007년 1월 5일. 이영래.

이백과 더불어 자연과 하나 되다

일본에서 몇 개월을 지낸 적이 있다. 아마 정월 대보름을 전후한 꼭 이 맘때였던 것으로 기억한다. 술 생각이 나서 외우^{畏友} 김소영 박사에게 외로움을 이메일에 담아 날렸다. 내 알량한 한문 실력을 아는 이 친구는 이백^{李白}의 「월하독작^{月下獨酌}(달 아래 홀로 술을 마시며)」을 원문에 친절한 번역문까지 곁들여 보내주었다. 전체 4수 중 앞 1, 2수만 옮겨적는다. 2수의 끝에서 셋째와 넷째 행이 내가 쓴 이 글의 핵심을 이룬다.

一.

花間一壺酒 (꽃 사이의 한 병 술을)

獨酌無相親 (혼자 마시는데 친구라곤 없네)

擧杯邀明月 (잔 들어 밝은 달 맞이하니)

對影成三人 (그림자 이루어 세 사람이 되었네)

月旣不解飮 (달은 본디 술 마실 줄을 모르고)

影徒隨我身 (그림자는 다만 내 몸을 따라다닐 뿐이네)

暫伴月將影 (잠시나마 달과 그림자를 데리고)

行樂須及春 (봄철에 마음껏 놀아 보세)

我歌月徘徊 (내가 노래하니 달이 어정이고)

我舞影零亂 (내가 춤추니 그림자는 멋대로이네)

醒時同交歡 (취하지 않을 때는 함께 서로 즐기다가)

醉後各分散 (취한 뒤에는 각기 서로 흩어지네)

永結無情遊 (영원히 무정의 교유를 맺어)

相期邈雲漢 (아득한 은하수를 두고 서로 기약하네)

二.

天若不愛酒 (하늘이 만약 술을 사랑하지 않는다면)

酒星不在天 (주성酒星은 하늘에 없을 것이고)

地若不愛酒 (땅이 만일 술을 사랑하지 않는다면)

地應無酒泉 (땅에는 응당 주천酒泉이 없을 것이네)

天地旣愛酒 (천지가 이미 술을 사랑했으니)

愛酒不愧天 (술을 사랑함이 하늘에 부끄럽지 않네)

已聞淸比聖 (이미 청주를 성인에 비유함을 들었고)

復道濁如賢 (다시 탁주를 현인에 견줌을 말하네)

賢聖旣已飮 (현인과 성인이 이미 술을 마셨으니)

何必求神仙 (어찌 반드시 신선을 구할 것인가)

三杯通大道 (석 잔 술에 대도大道와 통하고)

一斗合自然 (한 말 술에 자연과 하나 되네)

但得酒中趣 (다만 술 가운데 멋만 얻을 뿐이니)

勿爲醒者傳 (술 모르는 이에게는 전하지 말게나)

—이석호, 이원규, 『중국명시감상(中國名詩鑑賞)』

"석 잔 술에 대도와 통하고", 옳거니! "한 말 술에 자연과 하나 되네", 아암, 여부가 있나.… 그런데 이 대목에 와서 목에 잘 넘어가던 '술'이, 아니 '시'가 가슴에 콱 걸리는 듯했다.

이 시를 받기 며칠 전 독한 대춧빛 물 한 병을 혼자 다 비우고 천국의 평화를 미리 맛본 건 좋았는데, 다음 날 아침에 영 못 일어나겠는 거다. 술탈이 아무리 심해도 학교에는 나가는 게 그동안의 내 오랜 경력인데, 그날은 아니었다. 나이 탓인가, 일어섰다 하면 지진이고, 좀 쉬다가 다시 일어나려 하면 멀미가 일고 해서, 그냥 종일 누워 있기로 작심했다.

연구실에서 이제나 오려나 저제나 오려나, 하고 나를 기다리던 표 군이 오후 네시가 되자 문제의 실상을 묻는 전화를 걸어왔다. 아내는 아무것도 아니라면서 저녁이나 먹으러 오라고 하지 않는가. 이제 두 어 시간만 있으면 내 몰골을 저 젊은이들에게 들키고 말겠구나, 생각 이 여기에 이르자, '알카살, 뭐'라는 이름의 약이라도 사 먹어야겠다 는 용기가 일었다. 배腹 속의 반란을 다독이며, 다른 한편으로 머릿속 에 이는 지진의 위험을 무릅쓰고, 휘청거리는 두 다리를 잘 다스려 서, "Drug Store" 영문 글자가 선명한 창고형 가게로 갔다.

머리에는 까치집이 들어앉았었겠고, 점퍼에 깊숙이 파묻은 내 얼 굴에는 초점을 잃은 시선이 함께했을 게다. 문을 들어서는데 일본 땅 이라는 생각이 번쩍 들었다. 팻말의 글자는 가타카나로 또박또박 쓰 여 있으니 영어일 게고, 매장의 구조를 알리기 위해 천정 높이 매달아 놓을 정도라면, 내가 몇 년 구미 생활에서 익힌 단어 중 하나일 것이 틀림없는데, 입 속으로 아무리 발음을 해봐도 짚이는 바가 없었다. 일 본에 오면 영어를 새로 공부해야 한다라는 우스개가 무슨 뜻인지 알 만했지만, 가타카나에 의존하여 약을 쉽게 찾으려던 내 전략이 참패 하는 순간이었다.

일본에 와서 한자 덕을 톡톡히 보며 살아왔다. 한자만으로 통하지 않는 경우도 물론 있었다. 며칠 전 이 가게에서 형광등을 찾을 때도 그랬다. 나는 젊은 점원을 붙들고 영어로 묻고, 그는 일본어로 답하는 식의 '다국어 대화'로 어렵사리 소통해서, 마침내 그 젊은이의 손에 끌려 형광등 진열대까지 안내를 받은 적이 있었다.

그 기법을 또 써 볼까 하는 마음은 굴뚝같았지만, 실토하건대, 그날 그 짓만은 차마 할 수 없었다. 퀭한 얼굴로 '행오버hangover'가 어떻고, '위스키'라고 했다가 '사케'라고 고쳐 불렀다가, 또 알코올 분자명과 위스키 상표 '산토리'까지 대 가면서, '넥스트 데이next day' 어쩌고, 그것도 안 통해서 머리를 흔들어 보이고, 배를 쓰다듬고, 찡그린 얼굴을 더 찡그리기까지 하기가 정말 싫었던 것이다. 내가 그 쇼를 벌이는 동안, 상대방은 며칠 전, 아니 몇 주 전 자기 자신이 처했던 상황을 기억해 낼 것이고, 그러면 그의 눈과 입가에 연민의 미소가 번질 게 뻔하지 않겠는가. 나는 그 미소를 마주할 용기가 없었다.

그런데 하늘이 나를 아주 버리시지는 않았다. 진열대 통로를 돌며 선반 위를 샅샅이 살피는데 나와 같은 몰골을 한 녀석이 상자 겉싸개에 붙어서 나를 내려다보고 있었다. 퀭한 눈으로 "네가 나를 찾고 있었지?" 하는 듯이 말이다. 바로 이거다 싶어 덥석 그의 얼굴을 잡아챘다. 거기까지는 좋았다, 거기까지는.

집에 와서 알약을 꺼내 먹으려는 찰나, 내 간肝의 기능이 의심되기 시작했다. 이 약이 술탈을 달래는 것이 아니면 어쩌나? 술탈을 달래더라도 심한 독성이 있다면, 그렇지 않아도 문제가 있어서 거의 십 년 동안 금주령을 내렸던 내 간에게 엉뚱한 부담을 주게 된다면, 금주령이 다시 발동될 수 있겠고, 그러면 내 생이 완료될 때까지 나는 이번 금주령에서 영영 풀려날 수 없겠고…. 내 어찌 이런 생각을 어제 미리 하지 못하고, 지금 이 지경이 돼서야 후회하는 것인가.

그렇지만 상황 파악을 확실히 해둘 필요가 있었다. 『일한/한일사전』을 들고 약 상자에 적혀 있는 글자의 '암호 해독'에 들어갔다. "二日酔い(숙취)"는 의미 그대로 '행오버'였으나 그 다음부터가 문제였다. 나의 짧은 히라가나 가타카나 실력으로 일본 글자 50음도를 하나씩하나씩 손가락으로 꼽아가면서 앞으로 뒤지고 뒤로 넘겨서 겨우 찾아낸 단어가, 이게 생뚱맞았다. 무슨 "주근깨", 이렇게 나오는 것이었다. "피부색"과 "두드러기"는 거기에 왜 또 따라 나온단 말인가. 여성의 입에 자주 오르는 "기미"라는 단어까지 나왔다. 그렇다면 내 몰골을 닮은 저 녀석은 왜 저기 붙어 있었던 것일까. 두드러기, 기미, 주근깨, … 겁이 덜컥 났다. 잘못 먹었다가 자연과 너무 일찍 합일하게 된다면 이를 어쩐단 말인가. 나는 꺼내 들었던 알약을 입 대신 약 상자에 도로 넣어 버렸다.

'리처드슨Lewis Fry Richardson의 법칙'이라는 게 있다. 이 법칙에 따르면 전쟁이 일어났다가 끝나고 나서 다음 전쟁이 일어나기까지 일정 기간이 걸리게 마련인데, 큰 규모의 전쟁이 일어난 다음일수록 그 기간이 길어진다(리처드슨의 군비 경쟁 모델 이론). 다음 큰 전쟁까지의 평화는 시간, 아니 하늘이 내리는 치유의 망각을 동반한다. 따지고 보니까 나는 3년 내지 5년 간격으로 술과 한판 전쟁을 치른다. 5년이면 '멕시코 행오버 사건'도 까맣게 잊고, 4년이면 '물벼락'을 맞을 뻔한 역사도 기억에서 지워지고, 3년이면 한성여고 계단에서 오리온자리를 쳐다보며 노래했던 밤하늘의 찬란함도 망각의 심연으로 가라앉는다.

속으로 '내 탓이오!'만 반복하고 있는데 표 군과 정 군의 계단 밟는 소리가 들렸다. 나는 현실로 돌아오기로 했다. 시침을 뚝 떼고 앉은 밥상머리에서 나는 시론詩論을 펴기 시작했다. 시가 뭐 별겁니까? 생활이지. 일면 구질하고 고질痼疾한 삶의 절절한 표현이지. 경험의 점잖은 토로일 뿐이지. 현실을 한 발짝 떨어져서 볼 줄 아는 이들이 자신의 경험을 솔직히, 때로는 에둘러 고백하는 한 가지 방식일 뿐이지, 뭐 별것이겠느냐는 식으로 말이다.

그렇다면 시성詩聖 이백의 "일두합자연一斗合自然" 역시 고백일 터.

"술을 혼자 한 말씩이나 마시면 우리의 존재가 기원한 성간 티끌의 본질로 돌아갈 위험에 이르게 되니 조심할지어다. 나 자신, 그 지경에 이른 적이 수차례 있었기에 나도 시성의 대우를 받게 된 게 아니더냐. 나같이 혼자 술을 마시다가 그만 자연과 합일하는 수가 있으니, 그대가 합자연合自然의 큰 기쁨을 정말 누릴 생각이 아니거든 술은 친구들과 함께 마셔야 한다."

이백은 시성답게 자신의 긴 고백을 다섯 글자에 담아 에둘러 표현할 수 있었다. 그런데 내가 합자연의 뜻을 터득할 수 있었던 것은, 비단 대춧빛 물 때문만이 아니었다. 바로 그 며칠 전 '재의 수요일' 전례에서 머리에 재를 받으며 귀담아들은 "사람아, 흙에서 왔으니, 흙으로 다시 돌아갈 것을 생각하여라."라는 사제의 당부 덕분이었다.

2007년 3월 1일 수리산 발치에서

번역과 코르크, 둘과의 전쟁

아들에게,

그제부터 내 엉덩이가 짓무르기 시작한다. 너무 장시간 의자에 계속 앉아 있었기 때문일 게다. 거기에 출판사와 약속한 번역 기한을 못 맞춘 데 따른 스트레스가 심장으로 하여금 그 부분으로의 신선한 혈액 공급을 게을리하게 했는가 보다.

　내가 뭐 때문에 하버드 천문대가 자리한 매사추세츠 주 케임브리지의 에이번Avon 언덕과 에일와이프Alewife 역 사이만 매일 오가며 이 고생을 사서 하는지 모르겠다. 내 원래 욕심은, 보스턴심포니를 만나서 듣고, 월든 숲에서 소로와 얘기도 나누고, 김남희를 읽으며 히말라야 트레킹도 계획하고 싶었는데, 고작 한다는 일이 재미 하나도 없는 번역이니, 이 무슨 전생의 업보란 말이냐? 번역이라는 게 뭐 새로운 정보를 얻는다든가, 문장의 아름다움에 매료된다든가, 그래야 하는 맛이 나는 법인데, 이 책은 둘 다 '아니올시다'이다. 그래도 마틴 루서 킹 어른 덕분에 생긴 공휴일과 주말 동안 집중했더니, 진도가 조금은 나간 듯해서 마냥 불만이 가득한 건 아니었다.

그런데 육신이 피곤한 건 부정할 수 없는 법. 그냥 놓아두면 육신이 반란을 일으킬 게 뻔하거든. 그래서 오늘 퇴근길에 포터스퀘어 Porter Square 로 지하철을 타러 가다가 약 200미터를 에돌아 거리상 손해를 보면서도 포도주 가게부터 들렀다.

열심히 일한 자, 떠나라고 했던가. 나도 하루 꼬박 10시간씩 거의 일주일을 번역에 바쳤으니, 포도주 한 잔을 대접 받을 만하다고 판단했던 것이다. 그런데 실은 포도주 생각이 지난주 초부터 스멀거리기 시작했다. 그러니까 아마 화요일이었던 것 같다. 연구소 물통에서 생수를 받아먹다 보니 플라스틱 컵을 이용해야 하는 게 아니겠니. 얇기는 해도 투명한, 말랑거리기는 해도 포도주의 색깔은 보여 줄 정도의, 그 일회용 플라스틱 컵 말이다. 이걸 갖다 포도주 잔을 하면 되겠다는 생각이 번뜩 들더란 말이지. 그래서 물을 마신 다음 그 컵을 쓰레기통에 던지지 않고 연구실로 가져 왔다. 그런데 말이다, 아무리 엄마가 술을 즐기지 않는다고 해도 말이다, 나 혼자만 마실 수는 없는 노릇 아니더냐? 잔이 하나 더 필요하다는 판단이 드는 순간, 내 목이 마르다고 다시 비명을 지르지 않겠니? 나는 다시 물통 있는 데로 가서 플라스틱 잔을 하나 뽑아 들면서, 이젠 술을 사 가지고 들어가도 되겠다는 결심을 했다.

그런데 이 결심을 그날 실행하지 못했어요. 목요일이었던 것으로 기억된다, 와인 가게에 들른 게 말이다. 난 그래도 보르도가 좋은데, 미국에선 보르도가 턱없이 비싸더라. 비싸다고 해도 한국의 4분의 1 수준이지만 말이다. 내가 뭐 포도주를 그리 잘 아는 게 아니지 않니? 네가 언젠가 남미 학술대회에 다녀오면서 아르헨티나 포도주를 한 병 가져다 준 게 생각나더라. 그리고 우리나라에서도 아르헨티나와 칠레의 포도주를 마시고 그리 후회한 적이 없었다. 값에 비해 중후한 맛이 있는 데다, 향 또한 그윽해서 결코 바친 돈에 비해 밀지지 않았다. 그래서 칠레산 포도주 코너로 가서 집어들은 게 9달러짜리였다. 이만하면 내 수입에 비해 죄를 짓는 것 같지는 않고 해서 카운터로 들고갔다.

그런데 한 병을 한자리에서 통째로 다 마시면, 틀림없이 엄마가 뭐라 할 게 뻔하니, 이참에 나도 저장과 기다림과 절약의 미덕을 발휘하기로 결심을 했다. 미덕은 투자로도 발휘될 수 있는 법. 가게 주인에게 진공 펌프가 있느냐 했더니, 처음에는 내 말을 잘 못 알아듣더구나. 그이가 나를 슬그머니 카운터 저쪽으로 데려가서, 네가 찾는 게 이것이냐고 뭔가를 들어 보였다. 그게 네 누이가 매형에게 금년 성탄에 선물로 줬다는 바로 그 상표의 진공 펌프였다. 그래서 값도 묻지 않고 받아들였지.

머리에선 계산이 빨리 돌아갔다. 이 진공 펌프만 있으면, 한 병을 네 번에 나눠 먹을 수 있겠고, 그럼 한 병으로 일주일은 거뜬히 견딜 게고, 한 달에 세 병 내지 네 병이면 되겠지. 이 칠레산 포도주에 9달러 딱지가 붙어 있으니, 한 달 술값으로 30달러 정도 쓰면, 우리 집 가계에 큰 주름이 잡히지는 않겠고, 보라매병원의 내 심장 주치의도 그리 불쾌하게 생각하지는 않으실 게고….

내게서 21달러를 받아들면서 가게 주인 왈, "오늘 저녁 멋진 만찬을 즐기시오." 하는 게 아닌가. 일전에 치즈를 사다 둔 게 있으니까, 특별히 스테이크가 없더라도 포도주를 즐길 수 있겠다는 생각에 나는 포터스퀘어에서 에일와이프로 오는 전철 안에서 내내 즐거웠다. 그날 저녁은 푸짐했다. 내게는 감자 그리츠potato grits가 특별 메뉴로 보였다. 그리고 내가 좋아하는 북어국 냄새가 아파트 6138호를 가득 채우고 있었고, 내가 집에 들어설 때는 닭 튀김이 한창 진행 중이었다. 나는 네 엄마에게, 며칠 전 꿍쳐 와서 준비해 뒀던 그 플라스틱 잔을 달라고 해서, 포도주 병을 들고 식탁 겸 책상 겸 작업대인 우리 집 유일의 신품 재산 앞으로 가서 앉아 폼을 잡으려 하는데, 글쎄 말이다, 왜 하필 이때 연기 감지기가 비명을 지르는지! 닭의 넓적다리가 팬에 닿으면서 신음하는 소리를 연기 감지기가 냉큼 알아차리고 닭의 신세에 동조해서 질러대는 비명이었던 것이다. 포도주를 마시겠다는 생각이 멀찌감치 달아날 수밖에 없었지. 창문이란 창문은 모조리 서둘러 열고 연기 감지기를 목욕 수건으로 감싸는 난리 법석을 떨어야 했으니까.

비명은 평정되고, 술 생각은 다시 머리를 들고, 만면에 미소를 지으면서 책상으로 옮겨 앉는데, 갑자기 떠오르는 슬픈 생각이 있지 않겠니? 코르크스크루^{cork screw} 말이다. 아뿔사, 이게 없는 거다. 산본 집에는 너의 대부이신 테메슈버리^{Stephen Temesvary} 교수님이 주신 19세기 말 제품, 무식하게 잡아 뽑아야 하는 것, 그리고 최근의 중국제까지 아마 다섯 개 이상이 뒹굴고 있을 터인데⋯. 코르크스크루가 아니라 그냥 드라이버^{screw driver}와 나의 주머니칼을 동원해서 필사적으로 코르크와 전쟁을 벌일까, 생각을 안 한 건 아니다.

사반세기도 넘은 옛날 얘기다. 캐나다 몬트리올에서 싸구려 '호텔'에 묵었었다. 호텔이라 부를 수 없을 정도의 후진 방이었다. 그 호텔 방에서 밖으로 나가 포도주를 한 병 산 것까지는 좋았다. 방으로 돌아왔는데, 고놈의 코르크스크루가 없어서, 내 주머니칼과 열쇠란 열쇠는 모조리 동원해서, 코르크와 한판 전쟁을 벌였으나, 결국 속 시원히 그 전쟁에서 이길 수 없었던 기억이 왜 그 순간에 생뚱맞게 다시 얼굴을 내미는지, 나는 일체의 판단을 중지하기로 했다.

잠시 앉아서 반성을 좀 했다. 그러곤 그 병을 들고 냉장고로 가져가

거꾸로 세워 놓고 다시 번역의 고역과 싸울 준비를 하지 않았겠니. 언제 저 병을 딸 수 있을까. 마음 같아선 당장 편의점으로 달려가서 싸구려 코르크스크루를 사 올 수도 있었지만, 이거 영 남편 체면 구기는 일이고, 내 나이도 이제 종심을 향해 달려가는 처지이니, 이런 생각으로 체념의 미덕을 발휘할 수밖에, 뭐 다른 선택의 여지가 없었다.

다음 날이었다. 그러니까 어제 금요일이었다. 퇴근하는 내게 엄마는 코르크스크루를 사 왔느냐, '비아냥'거리지 않겠니? 꼭 사 올 줄 알고 별식을 준비했다느니, 준비하려고 하는 중이라느니, 뭐 이런 식으로 나를 놀려대는 거다. 그래도 점잖게 나는 대꾸하지 않고 그 번역의 고역과 전쟁을 다시 시작했다.

오늘이 토요일이다. 네 엄마가 지난번에 장을 봐 온 게 다 떨어져 가니 오늘 새로 장을 좀 봐야 한다고 했다. 주말엔 보스턴 헤이마켓 Hay Market 자리에 재래시장이 선다고 하니 그리로 가자고 했다. 우린 점심을 먹고, 동장군과의 대결 준비를 단단히 하고, 장 본 식료품을 실어 나를 구루마 대신 바퀴 달린 나의 여행가방을 끌고, 보스턴 시 한복판으로 원정을 나갔다.

그런데 이곳 장이 말이다, 여기 물건 값이 우리나라 동네 식료품점의 4분의 1 내지 3분의 1 수준인데, 질이 내 맘에 들지 않아요. 형편없어요. 그래도 사람과 어깨 부딪는 재미로 시장을 한 바퀴 다 돌았다. 우리나라의 재래시장과 비교가 되지 않아요. 상품의 종류도 지극히 제한돼 있고, 불친절하고, 낡은 춥고,… 우린 사과 다섯 알, 토마토 1파운드, 브로콜리 한 개를 샀다. 거기에다 새우 1파운드를 달라고 했더니, 1.5파운드를 주면서, 이만큼 사도 괜찮지 하면서, 우리 손에 강제로 쥐어주었다. 마음씨 고운 네 엄마는 주는 대로 다 받고 달라는 돈 다 주고 헤이마켓을 나왔다.

거기서 살 것을 다 살 수 없었으니 우리 동네 홀푸드마켓Whole Foods Market에 다시 가서 적어도 일주일 치의 장을 더 봐야 한다고 전철에서 엄마는 내게 다짐에 다짐을 계속하더라. 나는 방금 산 새우를 일전에 사다 둔 튀김가루에 묻혀서 기름에 튀기면 좋겠다는 생각을 하고 있었는데 말이다. 나도 얼씨구나 엄마의 제안에 동의를 했다. 잘 하면 그 홀푸드마켓에서 '원수의 코르크스크루'를 발견할 수 있겠다는 판단에서 말이다. 헤이마켓에서 사 가지고 온 것들을 집에 두고 우린 다시 군장을 급히 꾸려 에일와이프 파크웨이Alewife Parkway를 건너서 홀푸드마켓으로 갔다. 엄마는 엄마대로, 나는 나대로 마켓 안을 돌았다. 코르크스크루가 내 가슴을 온통 차지하고 있었으니 엄마의 흰머리가 내 안중에 들어올 리 없었다. 엄마는 배추, 콩나물, 빵, 치즈 등을 찾아서 내가 끄는 카트로 돌아와 담곤 했다. 그 사이에 내가 드디어 성공했지 않았겠니. 뭘 두고 성공이라 하느냐 하면, 우리 산본 집에 있는 코르크스크루와 다른 구조의 것을 찾았단 말이다. 이게 개념이라도 좀 달라야 코르크스크루를 또 산다는 명목이 설 테니 말이다. 하늘은 스스로 돕는 자를 돕는다고 했던가. 내 눈에 들어온 이 코르크 스크루는 전혀 새로운 개념의 것이었다. 이만하면 하나를 더 장만해도 충분히 정당화할 수 있겠다 싶을 수준이었다.

그리하여 오늘 저녁은 새우튀김을 주 메뉴로 하는 성찬이었다. 찬은 성찬인데 테이블은 백남준의 비디오아트 감이었다. 김치는 코티지 치즈 통에, 어제 그제 먹다 남은 감자볶음은 던킨도넛 커피 컵에, 삼색 나물과 잡곡밥은 큰 접시에, 간장은 중간 대접에, 뭐 이런 식이었으니 말이다. 그래도 포도주 병의 코르크 마개는 점잖게 제거됐고, 잔은 포도주의 색을 보여주는 플라스틱 물컵이 대신했다. 플라스틱이라고 나무라지 마라. 이 컵에는 좋은 점이 하나 더 있단다. 손으로 잡으면 나의 체온이 금방 포도주로 전해져서 포도주를 쉽게 증발시킬 수 있지. 백포도주에는 실격이겠지만, 향을 의식하며 마셔야 한다는 적포도주를 마시는 데에는 아무런 손색이 없다는 장점이 있단다. 대신 급히 마시게 되더라. 그동안 굶주리기도 해서였겠지만, 그보다 마시는 운치가 없으니 혈중 알코올 농도의 증가에만 열중했기 때문일 게다.

어떠니? 이만하면 내가 오늘 저녁에 행복하다는 사실을 확인할 수 있지 않겠니? 내 행복의 도를 높여 줄 요소가 한 가지 더 있는데, 그게 부족하긴 했다. 술 못 마시는 엄마와 마주 앉아 술을 마신다는 게, 그게 좀 그렇다. 물론 술자리를 지켜 주시니 고맙기야 하지만, 혼자 마시니 좀 미안하기도 하고, 어쩔 수 없이 좀 허하기도 하다. 그래도 술친구가 있어야 하는데 말이다. 뭐, 구색을 다 갖출 수야 없는 법. 나야, 누군가가 말했듯이, 천당에 가서도 불평하고 다닐 '놈'이니 말이다. 어쨌든 결심한 대로 딱 3분의 1 정도만 비우고, 새로 산 진공 펌프로 산소를 제거하고, 고무마개를 단단히 박아 냉장고에 잘 모셔 두었다. 월요일 저녁쯤에 다시 만나기로 하고 말이다.

다시 번역의 고역과 대결이다!

2008년 1월 26일 이맛돌에서
아버지

덧붙이는 말

1) 오늘 마신 술이 칠레산이 아니었다. 진열대의 표시는 칠레였지만, 그
   술의 산지는 아르헨티나였다. 하지만 네가 사다 준 것만 못했다. 좀 더
   진했으면, 좀 더 텁텁했으면 하는 아쉬움이 있더라. 혹시 기억한다면,
   네가 아르헨티나에서 가져다 준 술의 상표를 알려다오.

2) 한마디 더! 이 동네가 보스턴 지하철 적색노선Boston Subway Redline의 종점
   인데, 종점 역의 이름이 에일와이프Alewife란다. 이 동네 지명이다. 나는
   이게 궁금하다. 에일Ale이면 술이 아니더냐? 거기에 와이프Wife가 붙었
   으니, 이 동네에 예전에 무허가 술도가가 있었던 게 아닐까 혼자 추측
   해 본다. 여기 사람들은 에일Ale을 술의 뜻을 가진 '에일'로 발음하지
   않고, '애얼'로 해요. 이것도 좀 수상한 데가 있어요. 본래 무허가였다
   면, 대놓고 술이라고 떠들지는 않았겠지. 그러니 이 녀석들이 엉큼 떠
   느라 '애얼'이라 하는 게 아닌가, 나 혼자 소설을 써 본다.

3) 어쨌든 술을 잘 담그는 부인과 같이 사는 남편은 행복했을까, 불행했
   을까? 내가 내는 퀴즈니 풀어 보거라.

4) 또 한마디 더! Alewife의 어원은 네 누이가 연구해 줄 것으로 기대한다.

감시를 무시하는 삶

아, 이 세상에는 이제 숨을 곳이라곤 단 한 곳도 남아 있지 않습니다! 이제야 요나의 심정을 이해할 듯합니다. 물고기 뱃속에서조차 하느님으로부터 벗어나지 못하지 않았습니까.

이번 겨울은 대덕의 한국천문연구원에서 지낼 수 있게 됐습니다. 저는 요즈음 암흑 성간운의 내부를 컴퓨터를 통해 들여다보고 있습니다. 이곳의 연구진과 공동으로 수행 중인 이 수치 모의 실험이 지향하는 저 끄트머리에는, 반짝이는 하늘의 별들이 암흑 성간운 내부에서 어떻게 만들어질 수 있는지를 알아내고자 하는 저의 소박한 희망이 자리합니다. 그 소망 때문에 저는 가을 학기가 끝나자마자 서둘러 대덕으로 내려왔습니다. 읽고 있던 윤오영의 『방망이 깎던 노인』을 보따리에 넣는 것도 잊지 않았습니다.

그러니까 대략 보름 전쯤이었던 것으로 기억합니다. 한국천문연
구원의 초현대식 화장실에서 이 수필집의 거의 마지막 부분에 실려
있는「측상락厠上樂」이라는 작품을 즐기던 중이었습니다.

> (중략) 바지춤을 끄르고 하반부의 둔육臀肉을 노출하건, 수륙水陸 병진
> 倂進으로 배출하건, 악취를 마음대로 분산시키건, 아무 시비도 체면도
> 없다. 법률이야 물론이지만 도덕도, 예의도, 인습도, 전통도, 아무것도
> ─모든 사회적인 간섭, 인간적인 관련에서 오는 시비훼예是非毁譽도 없
> 다. (후략)

바로 이 부분을 읽고 있는데 천장에서 저를 비추던 전등이 슬며시
꺼지는 것이었습니다. 제가 그 보호의 공간에 발을 들여놓자마자 알
아서 저절로 켜지던 전등이었습니다. 매화틀에 앉으면서 참으로 기
특한 녀석이라고 칭찬까지 해줬는데, 아, 글쎄 요놈이 제가 너무 오래
앉아 있었다고 판단한 모양입니다. 빨리 나가라는 신호로 받아들일
수밖에 없었죠. 사정이 그러했으니, 측상에서의 즐거움이 어떻게 됐
겠습니까? 가슴에 치솟는 불쾌감을 간신히 억누르면서, 다른 한편으
로는 성치 못한 저의 시력에 적지 않은 무리까지 요구해 가면서,「측
상락」즐기기를 끝까지 고집했습니다.

일이 벌써 끝났다는 사실을 뒤늦게 깨닫고 오른손을 뻗어 휴지를

뜨으려는 찰나, 그 천장등이 다시 들어오는 게 아니겠습니까? 고얀 녀석 같으니라고! 화가 머리끝까지 뻗쳤다면 과장이겠지만, 하여간 저는 철저하게 감시당하고 있었던 것입니다. 비겁하게 천장에 딱 붙어서 제가 바지춤 내리는 것을 감시했고, 일정한 자세로 너무 오래 앉아 있는 것도 못마땅하게 여겼을 것임에 틀림이 없고, 무엇이 필요해 손을 뻗어 움직이는 것도 용하게 알아차렸습니다. 저의 일거수一擧手 일투족一投足이 모조리 감시당하고 있었던 것입니다.

　현대인이라면 이곳에서조차 체면을 차려야 하는 '고매한 인격체'로 변해야겠구나. 참으로 슬픈 일이로다. 수륙 병진이라니, 그 무슨 말씀. 水 다음에 陸이냐, 陸 다음에 水냐를 또한 걱정해야 할 신세에, 아무래도 수륙의 병진은 너무한 것 같다. 이곳에서조차 예의와 인습과 전통에 나를 다시 묶어야 한다니! 둔육을 전혀 노출하지 않고 필요한 짓을 다할 수는 없는 법. 그렇다면 노출 부위는 최소로 제한해야 한다고 나의 인습은 내 귀에다 대고 소리를 지른다. 이제부터는 매화틀에도 우아하게 앉아야 한단 말인가?

　30년 전 윤오영은 자신의 글에서 이렇게 의기양양했다.

　나에 대한 모든 것은 나의 이 작업으로 말미암아 권위 있게 스톱당하고 만다. 지구조차 이 속에서는 돌지 않는다. 외계에서 수소탄이 터지든 태양이 물구나무를 서든 나는 결코 개의하지 아니해도 좋다. 내가

이 작업을 하고 있는 한, 이런 무관심과 태만에 대해서도 아무도 문책
하는 사람은 없다. (중략) 이 지상에서 자유 해탈의 시간은 이 시간뿐.
(후략)

하지만 오늘의 과학과 기술은 측상에서의 樂(즐거움)을 苦(괴로움)
로 바꾸어 놓고야 말았다. '지구조차 돌지 않는다'는 그곳에서까지
과학과 기술이라는 괴물은 감시의 눈길을 거두는 법이 없다. 이제는
사방이 나를 감시하고 문책할 것이다. 이것은 누구의 잘못 때문인가?
  실은 꼭 드려야 할 말씀이 하나 있어서 얘기가 이렇게 길어졌습니
다. 지금까지 살아오는 동안에 '하느님의 감시'는 제 안중에 없었습
니다. 그분의 감시를 철저하게 무시하며 살아왔다는 저의 고백을 말
씀드리고 싶었던 것입니다.

2004년 2월 10일 한국천문연구원에서

외손녀를 위한 성탄 선물

내일이면, 윤주야, 네가 이 작은 행성에 태어나서 처음 맞는 아기 예수의 성탄절이 되겠구나. 하느님이 사람을 당신 모상模像으로 만드셨다니, 네게는 하느님의 실체實體가 고대로 들어 있겠다. 이 늙은 외할아버지는 그동안 하느님이 허락하신 자유를 누리다 그분의 모상이 많이 일그러지게 했거든. 너는 아직 그럴 시간이 없었고 그럴 궁리가 네 머리에 아직 자리할 수 없었을 터이니, 네가 곧 하느님이란다. 그런 뜻에서 이 특별한 성탄절을 기억에 담아 두고 싶구나.

오늘 신문에는 여성에 대한 글이 두 편 실렸다. 하나는 소설가 이윤기의 「그들이 몰려온다!」이고, 다른 하나는 시인 김영승의 「반성 100」이란 제목의 시란다. 아, 그리고 하나 더 있다. 「고시 여풍 시대」가 떡하니 사설란을 차지하고 있다. 내가 이윤기의 글을 산문 스크랩에

끼워 넣기로 결심한 것은 맨 마지막 문단에 나오는 "딸 있으시죠?" 한
마디 때문이란다. 윤주야, 너도 딸이고, 너를 낳아준 네 어미도 나의
딸이지 않느냐.

　　지금 내 앞에는 흑백 사진이 한 장 놓여 있다. (중략) 사진을 처음 본 순
　　간, 일삼아 여성의 수를 세어 보았다. 30명의 문인들 가운데 여성이 몇
　　명이나 있으리라 상상하시는지? 작고하신 손소희 님을 비롯한 3명이
　　었다. 30명의 문인 중 여성은 겨우 3명, 10퍼센트였다.
　　그로부터 45년 뒤인 2005년, 연말이 가까워지면서 문학상 시상식이
　　줄을 이었다. (중략) 내가 참석해 본 수상식의 여성 수상자 숫자는 여
　　전히 10퍼센트를 넘지 못하고 있었다.
　　수상식은 뒤풀이로 이어지는 것이 보통이다. 뒤풀이 술집에 앉아 일
　　삼아 여성의 수를 세어 보았다. 놀라지 마시라. 50퍼센트에 가까웠
　　다. (중략) 내 딸 또래 여성도 있었다. 이것은 무엇인가? 50퍼센트에 가
　　까운 여성들이 미래의 수상자들로 부상하고 있다는 징표 아닐는지.
　　(중략)
　　이런 자리까지 따라나선 여성 중에는 유난히 흡연자들이 많다. 한 30
　　대 여성 시인이 내 앞에서 담배를 꺼내 물었다. 후배 소설가 하나가 그
　　시인을 꾸짖었다. 아버지뻘 되는 선배 앞에서 무슨 짓이냐고 제법 무
　　섭게 꾸짖었다. 내가 남성 아니었다면, 그 시인이 여성 아니었다면 그

렇게 꾸짖지 않았을 것이다. 두고 볼 수 없어서 내가 그 후배 소설가에게 싫은 소리를 했다. 이제 겨우 여기까지 왔는데, 이제 겨우 뒤풀이 자리에서나마 성비가 제법 어울리게 됐는데 무슨 짓이냐고 싫은 소리를 했다. 그 후배가 내게 물었다. 여자들이 너무 나대는 거 아니에요?

(중략)

나는 책을 쓰는 사람이어서 길을 걷다 보면 모르는 사람으로부터 인사를 받는 경우가 종종 있다. 대부분 여성이다. 책 읽는 여성들이 몰려오는 것 같다. 마땅히 몰려와야 한다. 이런 소리를 하고 다니는 나에게 누군가가 물었다. 딸 있으시죠? 그렇다. 딸을 키우지 않았더라면 나는 아직도 눈뜨지 못했을 것이다.

― 이윤기, 「그들이 몰려온다」, 2005년 12월 25일 《중앙일보》

한국 여성이 세상의 전면에 나서고 있다. 황우석 파동의 중간 결과를 발표하는 우리 대학 연구처장 노정혜 교수가 여성이다. 어제 전 세계 TV 화면에 방영되는 노 교수의 모습에 외할아버지는 우리 윤주의 얼굴을 포개어 생각했다. 금년 사법고시 합격자 1,001명 중 32.3퍼센트가 여성이고, 행정고시 합격자는 이보다 더 많아 44퍼센트란다. 특히 올해는 3대 고시 모두 수석이 여성의 몫이었다니, 바야흐로 여성의 시대가 이 은둔의 나라에 도래한 것이다. 이건 사실 더 이상 뉴스거리가 아닐지 모르겠다. 이 외할아비가 옛 버릇을 못 버려서 법석인 게야.

윤주야, 삶이란 논리가 지배하는 기계적 판단의 대상이 아니란다. 아이들의 순수가 차가운 논리보다 더 큰 몫을 해낼 수 있는 게 삶의 어엿한 단면이란다. 그래서 과학이 지배하는 이 대명천지 21세기에도, 우리는 새로운 신화를 쓰면서 성탄을 설렘으로 맞는 것이란다.

나는 네 손가락에서 아기 예수의 고사리손을 본다. 잘 커서 이웃에게 기쁨이 되어 다오.

2005년 성탄에
외할아버지

곧 태어날 손자에게

어느 인생이 드라마 아닌 게 있으랴만 칠십이 넘어서 나 자신을 돌아보니 나야말로 드라마 같은 삶을 살아 왔다. 태어나서 오늘에 이르는 인생 여정에서 지금의 나를 있게 한 가장 큰 나의 덕목이 무엇인지 돌아본다. 그것은 쓰러져도 다시 일어나려는 불굴의 의지였지 싶다. 하고 싶던 일이 잘 이뤄지지 않더라도 그 일을 하고 또 하고 함으로써, 스스로를 성장하게 하고 가족과 이웃에게 의미 있는 그 무엇을 줄 수 있지 않았나 하는 생각이 든다.

곧 우리 곁에 올 새 생명을 내가 '우ㅈ(또 우)'라 부르고자 하는 배경을 바로 여기서 이해할 수 있을 것이다.

무슨 일을 하다가 넘어지더라도 다시 일어서려면 그 하던 일이 지고至高의 가치를 지닌 것이어야 한다. 그러니까 목적 지향의 삶을 살기보다 가치 지향의 삶을 살아갔으면 하는 바람이 이 '叉' 한 글자에 오롯이 담겨 있다. 가치란 누가 주는 것이 아니라 자신이 찾는 것이며, 가치란 이미 정해진 고정 개념이 아니라 자신이 찾아서 가꾸어 가는 것일진대, '叉'의 삶을 사는 이라면 우선 자기가 하고 싶은 일이 무엇인지부터 확실하게 아는 인물일 것이다. 내 손자가 그런 사람이 됐으면 하는 바람을 나는 '叉' 한 글자에 담았다.

그런데 따지고 보면 나의 막내아들인 너의 아버지가 그런 인물이다. 너의 아비야말로 어려움이 닥쳐도 쉽게 무너지지 않고, 무너지더라도 다시 시작할 수 있었으며, 갈 길이 멀어도 한 발짝씩 차근차근 내딛으면서 매일을 성실히 살아가는 성품이다. 그렇다면 그의 아들 되는 우리 '叉'야말로 아버지의 성품을 그대로 받아 태어날 것이라 믿는다. 아니, 그런 성품의 인물로 성장하기를 할아버지는 바란다.

좀 더 근원적 차원에서 '叉' 자를 들여다보자. 현대 과학은 생명 태동 당시 원시지구에 만연蔓延한 원시수프primordial soup에서 어떤 일이 벌어졌는지를 우리에게 들려준다. 생명의 기원과 관련해서 말이다. 원자, 분자 사이에 있었던 끊임없는 우연한 만남이 자기복제self-replication가 가능한 특별한 속성의 분자인 RNA를 탄생시켰던 것이다. RNA가 DNA로 만들어지면서 생명의 발현을 보게 됐다. 생명 발현 이후에 이뤄진 다윈 진화의 그 긴긴 여정을 우리는 한마디로 '무너져도 다시 일어서는 생명만의 속성'이라 표현할 수 있다. 그렇다, 생명만큼

하던 일을 집요하게 고집하는 존재는 세상에 없다. 그 속성 덕에 단세
포 생명이 오늘의 인류로 발전하지 않았던가. 그러니 시도에 시도를
거듭하는 짓이 생명이 갖는 본연의 모습인 것이다. 그래서 나는 너를
'又'라 부르련다. 우리 '홍우洪又'가, 생명의 발현에서 인류로 이어진
진화의 긴 여정과 위력을 기억하고 되살리며 자신의 삶을 뚜벅뚜벅
걸어가기를 바란다.

2015년 10월 16일 함허재에서

할아버지

햇살과 함께 환희의 노래를 들으며 떠나리

오늘 아침,

101번 도로는 햇살로 가득했다.

과천, 사과, 빛, 가을, 그리고 밝은 소리.

선택이 가능하면,

오늘같이 밝은 날 나는 가고 싶다.

그날이 초가을 어느 하루라면 더욱 좋겠고,

아내와 함께라면 하늘이 주는 은총.

내 빈소에는 무거운 장송곡보다,

밝고 기쁜 음악이 제격.

진정한 해방에 어찌 기쁨이 따르지 않을 수 있겠나.

내가 여태껏 그래왔듯이
앞으로도 그렇게 살아갈 수만 있다면
나의 삶은 가을 햇살에 어울리는 과일이 될 게고,
잘 익어 땅에 떨어져
우주와 이루는 합일은 축하받아 마땅한 일이니
환희의 노래를 시끄럽지 않게 틀어다오.

청각이 가장 늦게까지 남는다니,
나는 잔잔한 기쁨의 노래를 들으며
잠들고 싶다.

아들아, 떠날 때를 준비해야 한다는 생각을 지난 주말 여주에서 했다. 부부를 위한 피세정념避世靜念 프로그램에 참여했다. 여러 차례 피정을 다녔고, 피정 지도를 했으며, 읽고 듣고 느끼고 살 만큼 살아서, 이제는 피정이라는 것이 그저 그렇고 그렇게 여겨진다. 그렇지만 아무리 시시한 피정에서도 건지는 게 한두 가지는 있는 법. 그것 하나를 찾는 재미도 피정에서 누리는 작은 행복이다.

아내가 남편을 먼저 보내고, 한두 해 후에 아내가 떠나는 것이 최

상의 행복이라고 나이 든 수녀님이 설득하시더라. 하지만 나는 나의
부모님처럼 한날한시에 같이 떠나고 싶다. 그래서 하늘에 기구했다.

　"30년을 같이 살게 하셨으니, 당신께 갈 때도 같이 가서 한목소리
로 당신을 찬미하게 해 주십시오."

　나의 부모님이 얼마나 행복하게 삶을 마감하셨는지 실감할 수 있
었다. 네 엄마는 부부가 동시에 죽으면, 자식에게 너무 어렵지 않겠냐
고 걱정인데, 그 어려움이야 순간일 뿐. 이번 피정의 여진이 아침 햇살
에 소박한 욕심을 얹어 놓게 했나 보다.

　내게는 이제 죽음이 미지와 공포의 대상이 아니다. 심각하게 생각
하진 말렴. 성모께 전구傳求를 청할 뿐.

2000년 11월 18일

아버지

가난하여 자유롭게 하시고

딸에게,

오늘 아침 한국가톨릭문화원 박유진 신부님이 보내주신 말씀을 아래에 그대로 옮겨 적는다.

스탠퍼드 캠퍼스에선 후버타워의 종이 시간마다 쟁기질했다. (중략) 나의 가재도구란 간단했다. 옛날 쓰던 트렁크 달랑 한 개였다. 그 속에 옷가지 두어 벌에 문필도구, 아내가 싸준 생김 몇 톳에 커피포트 달랑 한 개였다. 부엌이 따로 있는 것은 아니었다. 커피포트를 밥솥 겸 냄비로 썼다. 숙소에 들자 커피포트에 쌀 한 공기를 씻었다. 손등에 물이 잠길 만큼 물을 부었다. 그러고는 전기를 꽂았다. 4, 5분이 지나자 철썩

이는 파도 소리가 들렸다. 나는 노릿노릿한 커피포트의 누룽지를 살
살이 긁었다. 나는 거기에 물 두 컵쯤 넉넉히 부었다. 다시 전기를 꽂았
다. 선 채로 숭늉을 마시고 누룽지 한 알도 남기지 않았다. 그러고는 다
시 물을 붓고 설거지의 대미를 장식했다. 성당에서 신부가 미사를 마
치고 성찬을 나누고 그 제기를 씻고 닦아 제단을 치우듯 말이다. 벌써
10여 년 전의 일이다. 달랑 커피포트 한 개가 주방 전부였던 세월이 울
컥 그립다. 지금도 언젠가 훌쩍 집을 떠나서 천산산맥 어느 등성이에
책력 없이 숨고 싶다. 그때 내 행장에 커피포트 한 개 넣고 싶다.

— 허세욱, 「커피포트 한 개」

이렇게 인용을 하신 다음 박 신부님은 나를 위해 기도해 주셨다.
그건 나의 기도이기도 했다.

주님,
가난하고 꿈 많던 시절을
라파엘, 기억하게 하소서.

오늘의 제 마음이
가난하여 자유롭게 하시고
믿음 안에 꿈꾸는 자이게 하소서.

생각과 인연에 얽힌 삶에
꼭 필요한 최소의 여장만 지니고
자유로이 구도의 길 떠나는
대림의 여행자이게 하소서.
아멘.

나는 즉시 박 신부님에게 짧은 회신을 드렸다.

신부님, 마흔네 해 전 찌그러진 코펠 하나 달랑 들고 떠났던 저의 유학
이, 이 아침 눈물겹도록 그리워집니다. 사십여 년이 지난 요즈음에 저
는 하나씩, 둘씩 버리는 연습을 하는 중입니다. 근자에 들어와서 저
자신이 조금 자유로워졌음을 알겠습니다. 감사합니다, 박 신부님. 하
느님, 제게 자유와 구도가 하나이게 해 주소서!

수리산 발치에서
홍승수 라파엘 드림

'보내기' 버튼을 눌렀다. 그러자 "전송이 정상적으로 이루어지지
않았습니다. 다시 시도해 주십시오."라는 메시지가 화면에 올라왔
다. 나는 다시 시도하지 않았다. 박 신부님에게 내 심경을 꼭 전하려고
쓴 건 아니었다. 나를 울컥하게 한 기억이 내게도 있어서 그걸 그냥 버

릴 수 없어서였을 뿐이다.

　딸아, 너는 알고 있지. 아버지가 대학생 때 들고 다녔던 코펠 말이다. 미국 뉴욕 올바니에 들고 갔다가 유럽을 거쳐 다시 관악으로 모셔 온 코펠을 기억할 줄 믿는다. 장학금에 대한 보장도 없이 그냥 떠나야 했던 유학길에 내가 챙길 수 있었던 유일한 가재도구가 그 알루미늄 코펠이었다. 아, 풋풋했던 그 시절로 다시 돌아가고 싶다.

　박경리 선생이 "버리고 갈 것만 남아서 참 홀가분하다."고 하신 것을 어디선가 읽은 적이 있다. 버리고 버리다가 못다 버린 게 남는다 하더라도 그것들 역시 버려질 터이니, 그때는 내가 버리지 않아도 되는 자유를 얻게 되리라. 꿈에서조차 자유로울 수 있는 그런 때가 내게 오기는 올 것인가. 한 해를 넘기며 다음 해를 가늠한다.

2015년 12월 16일 함허재에서
아버지

같은 우리의
다른 우리,
더불고 나누고

개똥 같은 내일이야

꿈 아닌들 안 오리오마는

조개 속 보드라운 살 바늘에 찔린 듯한

상처에서 저도 몰래 남도 몰래 자라는

진주 같은 꿈으로 잉태된 내일이야

꿈 아니곤 오는 법이 없다네.

　　—문익환,「꿈을 비는 마음」

아주 특별한 어버이날

어린이날, 어버이날, 그리고 부처님오신날이 줄줄이 들어 있는 5월은 성모성월이기도 하다. 이렇게 좋은 이들을 기리는 날들에 주말 휴일이 적당히 섞여 일상에서의 탈출을 허락하는 '징검다리'까지 놓인 금년 5월은 성모님께 바쳐도 손색이 없다. 어디 그뿐인가. 내 방 큰 유리창으로 지금 그득히 들어오는 구룡 산록의 저 싱그러움에 나는 그냥 풍덩 빠져도 좋겠다. 아, 5월!

지난 5월 4일 수요일 오후 다섯시경이었다. 천왕우 부장이 나를 집무실에서 애써 불러내 통합 사무실로 가자고 했다. "따끔한 사랑, 감사합니다."라는 리본이 달린 카네이션과 백합 꽃바구니가 내 가슴에 안겨졌다. 국립고흥청소년우주체험센터 가족 일동이 전하는 봉투도 보였다. '징검다리' 밟고 서울 가거든 사모님과 영화 한 편 즐기고 맛

있는 식사도 한 끼 하시란다. 혹여 센터 식구들에게 과부하가 걸렸을
까 걱정이 되어 나는 일부러 그 자리에서 봉투를 열어 딱 두 장만 챙
기기로 했다. 2만 원이면 충분하다고 판단했기 때문이다. 내가 이런
걸 받을 자격이 있단 말인가. 가슴이 뭉클했다.

　시대가 달라졌다고 하나 여전히 아버지와 자식의 관계는 어머니
와 자식의 관계와 다른 면이 있다. 가정에서 어머니에게 주어지는 대
부분의 문제는 어머니의 손에서 얼추 해결이 된다. 그런데 아버지에
게는 그 선을 넘는 문제들이 많이 넘어온다. 그래서 한 집안의 아버지
는 거칠고 힘겨운 고역의 대행자. 내가 지난 35년 동안 우리 집 세 아
이에게 그러했듯이 센터에서도 내 몫은 '거친 아버지'의 역일 수밖에
없었다. 조금 억울하다, 나도 알고 보면 '부드러운 남자'인데. 그래도
지난 10개월 동안 내가 행한 거친 역할을 센터 식구들이 사랑으로 부
드럽게 받아주니 머리가 절로 숙여졌다.

　어린이날 아침 일찍, 나는 네덜란드에서 온 철학도 친구를 태우고
내나로도를 서둘러 벗어나기로 했다. '징검다리'의 첫 번째 발짝이 이
렇게 떼어졌다. 외우 박휘근 학형을 전주고속버스터미널에다 내려놓
고 이어진 한양 천리 길에서 내가 받은 어버이날 선물이 나의 무의식
을 계속 자극했다. 하늘에 계신 나의 부모님께 나는 금년 어버이날 뭘
해드릴 수 있는가. 질문이 여기에 이르자 지난 한식寒食에 성묘조차
하지 않은 불효가 또 나를 괴롭히기 시작했다. 5월 6일 금요일은 천왕

우 부장, 김형겸 부장과 함께 광화문 인근의 여성가족부를 방문키로 한 날이니, 5월 7일 토요일에 내 필히 광탄에 가겠다고 다짐했다. 센터 식구들이 내게 건네준 사랑의 뭉클함을 내 아버지와 어머니께도 보여드리고 싶었다.

토요일 오후의 100번 도로는 분주했다. 한 시간이면 갈 거리에 두 시간을 들였다. 그래도 광탄에 오길 잘했다고 생각했다. 두 분이 같이 누워 계신 하나의 봉분을 향해 머리 허연 아들과 며느리가 함께 절을 했다. 아버지, 당신이 저를 위해 '거친' 역할을 자처하셨듯이 저도 당신의 손자·손녀를 위해 그 역할을 했습니다. 요즘은 센터 식구들에게까지 하고 있습니다. 이렇게 보고를 드리는데 아내의 전화가 노래를 시작한다. 미국에 있는 막내며느리의 전화였다. 이렇게 해서 우리 3세대는 어버이날이란 사건의 時空(시공) 點(점)에서 時間(시간) 軸(축)을 공유할 수 있었다.

아내와 나는 부모님 산소에서 내려와 장준하 선생의 묘역으로 발길을 옮겼다. 허리를 두 번 깊이 꺾어 선생님 영전에 절을 하고 묘비에 새겨진 그분 특유의 필체를 어루만졌다. 『돌베개』의 장준하, 나의 대학 시절 멘토!《사상계》의 장준하, 민족의 살아 있는 정신!

이것으로 어버이날에 나의 자식 된 도리는 다한 것으로 했지만, 선물로 받은 2만 원이 내 수중에서 적절한 용처를 기다리고 있었다. 궁리를 하다가 이용복 교수가 알려준 카쉬展(KARSH: The Master of

Portrait Photography)을 보러 가기로 했다. 2만 원이면 입장료로 충분할 듯했다. 5월 8일 어버이날 당일, 부부는 아침 일찍 9시 미사에 참례하고 광화문으로 달려갔다. 이날따라 시청 앞이 매우 혼잡했다. 교보빌딩 지하 주차장에 차를 세우고 건너편에 있는 세종문화회관 미술관으로 걸어갔다. 20세기를 살다 간 위인들을 카쉬의 렌즈를 통해 다시 만날 수 있었다. 아니 그들의 내면을 읽을 수 있었다. 카쉬는 생명이 없는 카메라의 렌즈를 통해 인간의 내면과 인간이 겪어온 역사를 오롯이 읽어낸다. 카쉬전 포스터를 장식한 오드리 햅번의 스물일곱 살 적 모습이 매력이라면, 마더 테레사의 일흔여덟 살 적 주름살 패인 얼굴은 영혼의 심연이었다.

내 주머니엔 아직 1만 원이 남아 있었다. 원래는 입장료가 1만 원씩이지만 우리 부부가 모두 지공地空의 나이라고 50퍼센트 할인을 받았기 때문이다. 남아 있던 1만 원에 얼마를 보태서 카쉬전 도록을 한 권 샀다. 센터의 '보들도서관' 책상 위에 한동안 올려놓으련다. 센터 식구들이 이 도록을 보면서, '얼굴 모습'이라는 '사실'에서 '사람의 마음'이라는 '진실'을 짚어 내는 카쉬의 마력과 마주하길 바란다.

내게 2011년 어버이날은 이렇게 아주 특별한 날이었다.

2010년 5월 11일 부처님오신날 보들바다에서

스승의 날 아침에

김종수 박사가 어제 동창회에서 마련한 사은회에 천문학과를 빛낸 졸업생 자격으로 참석했다. 그는 자기 아내 이희숙도 내게서 석사 학위 논문 지도를 받았다는 사실을 좌중에 알리고, 가져온 작은 상자를 내게 건넸다. 아내 희숙이 구운 과자라고 했다.

저녁에 집으로 가져가 상자를 열었다. 작은 카드에 쿠키의 사연과 내용이 적혀 있었다. 나는 두 개를 맛봤다. 녹차가 들어간 것이 의외로 맛있었다. 색깔도 곱고. 아들도 하나 집어 물고 맛있다고 했다.

오늘 아침에도 커피와 함께 먹으면서 한밭(대전) 한 귀퉁이에 자리한 희숙과 종수의 소꿉장난 같은 가정을 생각했다. 녹차, 앵두, 귀리로 만든 과자가 쌍쌍이 두 줄씩 고동색 상자 안에 들어 있었다. 그 과자들이 희숙과 종수의 아이들같이 보였다. 가정이란 늘 소꿉장난이

어야 하겠지. 아마추어가 좋은 법. 사람의 관계 뒤에 숨어 있는 서로 이해하기 어려운 단면들은 차치하고, 사랑은 작은 데서 시작하는가. 원래 크고 작음이란 없는 것인가.

식탁에서 건진 시상이 달아나기 전에 바로 한밭으로 편지를 띄웠다. 그 바람에 토요일 아침마다 갖는 성간학교에 5분 늦었다. 그래도 잘했다고 생각한다.

나, 사랑 먹네
제자가 구워 준 과자
아내가 끓인 커피
둘이 잘도 맞네, 잘도 녹네

부엌 창에 들어오는
하늘, 잿빛인데
내 마음에 뜬
해님, 벙긋 벙실 더덩실

색색이 짝짝
녹차, 앵두, 귀리
'햇빛은 쨍쨍, 모래알은 빤짝'

한밭 한구석에 사랑 열렸네
소꿉 행복

큰 것에 덤덤, 작은 것에 깜짝
작은 게 큰가, 큰 게 작은가

과자 굽는 손,
보듬어 들고 온 마음
사제, 사람, 사랑

2004년 5월 15일 산본에서

강의실에서. 2006년.

사랑의 손길

세명대학교 학술관 2층 한 귀퉁이에 '퀴즈노스'라는 이름의 카페가 있다. 나는 매주 월·수·금 사흘 오전을 이 집에서 보낸다. 아내가 인근 병원 인공신장실에서 투석을 받는 세 시간 내지 세 시간 반 동안 여기서 샌드위치, 브로콜리 수프, 커피 등속을 주문해 먹으며 이메일을 정리하고 글을 쓰고 밀린 책을 읽는다. 그러는 사이 한두 차례 변소 출입을 하게 된다. 그때마다 카페에서 나와 학술관의 육중한 유리문을 열고 들어가 변소로 향한다.

그런데 나는 소변기 네 개 중 굳이 세 번째 것을 찾아 볼일을 해결한다. 그 소변기 위에 걸려 있는 사진 때문이다. 그 사진에는 아래 문구가 적혀 있다.

삶의 골짜기에 어이없이 처박혀 울고 있을 때 다시 세상으로 끌어내
줄 친구가 우리에게 필요하다.

— 이영희, 『어쩌다 어른』

등을 보이고 서 있는 두 아이가 내게는 오누이로 보인다. 내 여동생
과 내가 나란히 서 있는 모습이 연상된다. 나는 여동생에게 오른쪽에
서 있는 저 남자아이같이 믿음직한 오라비였을까 묻는다. 아니었을
것 같다. 많이 부족했다. 남자아이의 살짝 굽혀진 오른팔이, 여동생
을 위해 무슨 일이든 해줄 만반의 준비가 돼 있다고 선언하는 듯하다.
한껏 당겨진 활시위를 연상케 한다. 여동생의 어깨를 감싼 왼팔을 보
시라. 여동생에게 전해졌을 사랑의 온기가 느껴진다. 그 온기를 통해
여동생의 여린 마음이 든든해졌으리라.

둘은 지금 무언가 심각한 어려움을 겪고 있는 듯하다. 어른인 우리
에게 아무것도 아닌 사건일지 모르겠지만, 저 사진이 찍힐 당시 오누
이에게는 자기들만의 힘으로 해결할 수 없는 난제였을 것 같다. 해결
불가한 난제임을 잘 아는 오빠가 누이에게 자신감을 심어 줄 든든한
보호자임을 어깨동무를 한 저 왼팔이 웅변적으로 얘기하고 있다. 염
려 말라고 말이다. 자신도 비록 두렵기는 마찬가지였겠지만 오빠는
여동생에게만은 그 두려움을 애써 감췄으리라.

부모님이 같은 날 같은 시각에 돌아가신 반세기 전 나는, 동생들에

게 저런 믿음의 팔을 든든하게 내보였는지 스스로에게 묻는다. 그래서 소변을 보는 행위가 매번 반성과 후회의 세리머니가 된다. 내가 이 소변기를 굳이 고집하는 이유이기도 하다.

사람은 앞모습보다 뒷모습이 더 정직하다고들 한다. 먼 곳을 향한 오빠의 눈길에 의지의 결기가 숨어 있었을 것이다. 하지만 사진가는 저 어린 남아가 품은 의지의 결기를 애써 숨기려 한 듯하다. 의지의 결기에는 불안에 흔들리는 눈빛이 서려 있게 마련이니까. 하지만 뒷모습은 흔들림 없는 의지의 표상으로만 다가온다.

나는 작가 이영희의 『어쩌다 어른』을 읽어 본 적이 없다. 그 책에 이 사진이 실려 있는지도 모른다. 인용된 글귀는 이영희의 생각임에 틀림이 없다. 왜냐하면 그 글귀에 덧붙은 어느 학생의 고백을 보면 알 수 있다. 나는 사진에 실린 오누이의 뒷모습에 끌려서 소변을 볼 때마다 여기를 찾지만, 그 학생의 고백은 작가 이영희의 한마디에 삶의 방향을 바꿀 수 있었던 고마움의 토로이다.

제가 우연히 이 글귀를 읽고서 친구 하나 없었던 [저에게] 손을 내밀어 준 친구를 떠올렸습니다. 사회에서 동떨어져 살던 제가 그 친구를 만나면서 조금씩 삶을 알고 세상을 알게 되었습니다. (후략)

우리네 삶의 여정에서, 누군가가 선의로 내미는 도움의 손길을 덥석 잡을 수 있는 용기도 필요하다. 내미는 손을 잡아도 된다는 믿음이 전제되지 않는다면, 내밀었던 손은 다시 주머니 속으로 움츠러든다. 내미는 손 못지않게 잡는 손도 중요하다. 사람이 원래 '우리'라는 동반자의 틀 안에서 살게 마련이라면, 응당 내민 손에만 가치를 줄 일은 아니다.

한 남자와 한 여자가 만나서 가정을 이루고 사는 것도 이와 같지 않을까. 저 사진에서 오른팔은 도전과 방어의 태세로 약간 구부리고, 왼손은 보호와 사랑의 일념으로 어깨동무를 한 저 남아가 내민 손길을 그저 도움의 손길로만 바라볼 일이 아니다. 한 남자가 프러포즈의 이름으로 내미는 손길을 아무런 두려움 없이 덥석 부여잡고 일생을 같이하자고 나서는 한 여인이 있기에 둘은 가정을 이루어 세파를 헤치며 나아갈 수 있다. 나는 안다, 남자가 프러포즈의 순간에 느끼는 불확실한 미래에 대한 두려움을! 나는 안다, 그 두려움을 모를 리 없는 한 여인이, 당신이라면 함께할 수 있어, 하면서 덥석 부여잡는 용기의 고귀한 가치를!

한 남자와 한 여자의 결합이 설렘으로 시작되는 건 장밋빛 미래가 보장돼 있기 때문이 아니다. 그건 신기루일 뿐. 우리 둘이면 함께할 수 있지 않을까 하는 희망에서 비롯되는 약간의 두려움 때문에 둘의 결합은 설렘으로 시작된다. 이 설렘이 설렘으로 살아 있는 한 그 가정은 도전의 현장이며 성취의 축배를 드는 곳이 될 것이다. 더 이상의 도

전이 필요하지 않을 때면 설렘은 사라지고 만다. 그래서 둘은 끝까지 도전하고 희망하고 기도하고 서로 사랑해야 하는가 보다.

　그렇다면 지금 우리 부부가 당면한 어려움은 극복해야 할 도전의 과제로 알고 또 고마워할 일이다. 여태껏 우리 부부가 그렇게 해 왔듯이 말이다.

2017년 3월 14일 함허재에서

나중에 알고 보니 작가 이영희의 책 『어쩌다 어른』에는 이 사진이 실려 있지 않다.
그리고 사진가의 이름을 알아내지 못한 이 사진은 설정된 장면을 촬영한 것으로
추정됐다. 그렇다고 이 사진에 대한 나의 느낌과 나의 글이 달라질 건 아무것도 없다.
삶은 늘 현재가 가장 중요하고, 세상은 절대적인 것들로 가득하다!

감사의 보답

김현승 시인으로 기억합니다. "마른 나뭇가지 위에 다다른 까마귀"
되어 "호올로" "가을에는 / 기도하게 하소서" 하고 간구한 이가. 시인
의 순수와 감성이 제 가슴을 떠난 지 이미 오래됐지만, 저도 이 가을
엔 김현승 시인과 함께 "낙엽들이 지는 때를 기다려" 하느님께 기도
하고 싶습니다. 연필에 침 발라 꾹꾹 눌러쓴 편지를 하늘에 계신 당신
께 띄우고 싶습니다.

　　저는 버스표 두 장에다 5원만 있으면 하루가 행복했던 시절에 대
학을 다녔습니다. 단돈 5원으로 멸치 국물 한 그릇을 사서 도시락의
냉기를 몰아낼 수 있었던 시절, 어느 늦은 가을날이었습니다. 동대문
에서 버스를 타고 친구를 만나러 장위동까지 갔는데, 그날따라 친구
가 집에 없었습니다. 돌아오는 버스에서 표를 찾느라 주머니를 더듬

다가 그날 아침에 상의를 바꿔 입고 나온 사실을 뒤늦게 깨달았습니다. 그때의 당혹감을 글로는 도저히 표현하지 못하겠습니다. 하지만 제 얼굴에 쓰인 당시의 표정은 아주 확실했던 모양입니다. 버스 뒷좌석에서 물끄러미 저를 바라보던 한 대학생이 자신의 지갑을 열어 버스표 한 장을 제게 말없이 건넸습니다. 고맙고 또 창피해서 저는 그의 이름도 주소도 묻지 못했습니다. 왜 전화번호라도 묻지 않았느냐고 저를 나무라신다면, 저는 그냥 허허, 웃고 말겠습니다.

버스표 한 장의 빚을 아직 그에게 갚지 못했습니다. 그러나 하느님, 당신의 속 깊은 마음을 그때 제게 보여주셔서 감사합니다. 이 감사의 마음이 기도가 되어 당신께 이르기를 간구합니다.

제가 고등학교에 진학할 때의 사정입니다. 입학금, 기성회비, 등록금 등을 한꺼번에 마련할 수가 없어서 저는 그만 고교 진학을 포기해야만 했습니다. 궁리에 궁리를 거듭한 끝에 야간고등학교에 가기로 결심을 하고 원서를 사러 갔습니다. 그런데 그날 불량배들에게 붙잡혀 좀 두들겨 맞았습니다. 바로 그 야간고등학교의 정문에서 말입니다. 집으로 오면서 그런 학교에는 가지 않겠다고 결심했습니다. 처진 어깨로 어둑한 저녁녘에 대문을 들어서는데, 가까운 친구 둘이 저를 반겼습니다. 저의 담임이면서 수학을 가르치시던 남영우 선생님이 보낸 같은 반 친구들이었습니다. 고등학교 입학에 관련된 금전적 문제를 당신께서 해결해 놓았으니 내일 당장 고등학교 서무실로 가서 입학 수속을 밟으라는 전갈을 그들이 갖고 왔던 것입니다. 덕분에 저는 고등학교에 진학할 수 있었습니다.

하지만 남영우 선생님은 제가 대학생일 때 이세상을 떠나셨습니다. 저는 이럴 때 누구에게 감사의 보답을 드려야 합니까. 하느님, 제가 당신께 드리는 기도는 편지일 수밖에 없겠습니다.

누구나 살아가는 동안 크고 작은 도움이 수없이 필요합니다. 사막이 인생살이 도처에 널려 있으니 말입니다. 하지만 사막에는 오아시스 같은 만남이 있게 마련입니다. 그리고 내게 도움을 주는 만남의 주인공은 그전까지 나와 별다른 관련이 없던 분인 경우가 허다합니다. 그렇기 때문에 이 만남은 하느님이 주선하시는 만남일 겁니다. 그분들의 도움으로 사막을 겨우 빠져나와 정신을 차릴 때쯤이면, 뒤를 돌아볼 여유도 조금 생깁니다. 이때 비로소 제가 받은 도움의 정체가 어렴풋이 보이게 됩니다. 그래서 어떤 형태로든 그분께 감사의 표현을 하고 싶어집니다. 하지만 내게 도움을 주신 분들은 내가 드릴 수 있는 수준의 보답이 필요하지 않은 위치에 있습니다. 나보다 모든 면에서 훨씬 앞서 있거나, 이미 세상을 떠나셨거나, 살아 계셔도 연락이 두절되어 닿을 수가 없습니다.

그렇다면 하느님, 저는 이제 누구에게 감사해야 합니까? 간접 보답의 길을 택하라는 당신의 말씀, 이제 알아듣겠습니다. 알고 보니 당신께 드리는 기도가 그분들께 띄우는 저의 편지였습니다. 이 가을엔 당

신께 감사의 사연을 띄우겠습니다. 아, 그리고 낙엽마저 다하는 11월
이 연령성월煉靈聖月(죽은 이의 영혼을 생각하고 위로하는 달)인 이유도 이제
야 알겠습니다, 주님.

2004년 11월

코끼리와 소의 눈빛

오늘 아침 어느 선배로부터 받은 코끼리 사진이 며칠 전 TV에서 볼 수 있었던 라오스 코끼리들의 서글픈 삶을 다시 머리에 떠올리게 했습니다. 저는 태국에 가서 코끼리 문제에 처음 접할 수 있었습니다. 아시겠지만 태국에서도 코끼리가 벌목 현장에서 동력원으로 부려지고 있습니다. 라오스에서만큼이나 대대적인 동물 학대는 아닐지 모르겠지만, 생명으로서 코끼리가 겪는 비애는 태국과 라오스가 다르지 않을 것입니다.

코끼리가 인간에게 혹사당하는 것은 코끼리의 영민함 때문일 것입니다. 그리고 코끼리의 막강한 힘 때문이 아닌가 생각합니다. 코끼리가 영민한 동물이 아니라면 인간의 길들임에 그렇게 쉽게 굴복할 리 없다는 게 제 판단입니다. 길들임에 너무 쉽게 순응해 버립니다. 인간의 의도를 쉽게 알아차려서, 반항하면 죽임을 당하리라는 것을 알아서 순응할 수밖에 없는 저들의 슬픈 운명은 저들의 영민함 때문입니다. 거기에다 힘도 별로였다면 인간이 코끼리를 길들이려고 하지 않았을 것입니다.

사람도 눈치가 아주 빠른 이가 쉽게 투쟁을 포기하거나 권력에 재빠르게 아부하는 습성이 있더라고요. 그런 사람들은 길들임에 쉽게 순응하기 마련인데, 특히 지식인들에게 길들임이 효율적이죠. 그래서 역사의 도도한 흐름은 민초가 바꿀 수밖에 없는가 봅니다.

지식인을 통해서 변혁이 이뤄지는 경우에는 별 기대를 하지 말아야 합니다. 법과 질서와 도덕의 굴레는 물론이고 자비 실천의 명命으로부터 누구보다 먼저 달아나는 이들이 소위 많이 배웠다는 족속이며, 권력의 맛을 제대로 알아본 이들이며, 기득권의 보호막을 두껍게 두른 이들입니다. 그 '지식인' 울타리 안에 있는 저 또한 자유로울 수 없습니다.

길들임은 코끼리와 사람 말고 소의 경우도 마찬가지예요. 저는 소 길들임에 대해 아는 바가 없었습니다. 그런데 이것 역시 여러 해 전 TV에서 코뚜레를 한 송아지에게 짐을 끌게 하는 훈련 장면을 보여줘 알게 됐습니다. 라오스의 코끼리를 길들이는 '무당'들을 보면서 저는 그들의 행위가 너무 잔학하다고 생각했습니다. 그래서 그들이 미웠습니다. 그러곤 곧 후회했습니다. 우리네 소 길들이기와 다를 바가 없음을 알아차렸기 때문입니다.

그러고 보니까 우리네 일소의 눈빛과 코끼리의 눈빛이 어쩌면 그리도 같은지요! 모든 것을 포기한 자의 처절한 자기 연민의 눈빛을 보면서 인간의 짓거리가 인간으로 하여금 지구상에서의 자기 수명을 단축시키고 말 것이 아닌가, 혼자 두려워했습니다.

무엇이든 판단하기가 주저되는 것이 요즘 저의 심경입니다. 사람, 제도, 권위, 종교 등에 대한 생각이 변하기 시작했어요. 사진작가들의 작품도 저의 이러한 변화를 이끌어낸 하나의 매체였을지 모릅니다.

2012년 9월 16일 보들바다에서

슬픈 아침상

하룻밤 집을 비운 사이 고라니 가족이 우리 텃밭에서 축제를 벌였다. 고라니의 방문을 처음 알아낸 건 사흘 전이었다. 늘 그렇게 하듯 나는 이날도 잠자리에서 일어나자마자 계량기를 열어 전날 하루 동안 사용한 물의 양을 측정하고, 들고 나간 작은 소쿠리에다 아침상에 오를 푸성귀를 따 담으려 했다. 그런데 순간 주춤하고 말았다.

무를 심어 놓은 밭뙈기의 3분의 1 정도가 말끔하게 비어 있지 않은가. 열무김치 담그기에 적당한 크기로 자란 어린 무의 잎을 누군가 뿌리 부근까지 깨끗하게 먹어 치웠다. 드디어 함허재도 고라니의 침공 목표가 된 것이다. 지난 두 해 동안 우리 집 텃밭은 안전했다. 윗집과 옆집의 김장밭은 모두 털렸지만 우리 집 밭은 건재했다.

우리 부부는 봇돌과 봉돌 모자의 공功이라고 생각했다. 그런데 저

윗집 권 사장의 판단은 달랐다. 우리 집의 삼면이 사람이 거주하는 집으로 둘러싸여 있고, 주택이 우리 주위보다 밀집 분포하는 남쪽 방향으로만 고라니가 도망갈 길이 열려 있기 때문이라는 것이다. 다시 말해 남쪽이 열려 있지만 그 방향으로 가면 밀집한 주택가가 있기 때문에 고라니가 도망갈 수 없다는 얘기였다. 파수꾼인 개로 말하자면 권 사장 자신도 세 마리나 키우는데 고라니가 당신네 콩밭에 와서 아예 둥지를 틀고 산다고 했다.

그렇다면 퇴로가 차단된 우리 김장밭까지 공략의 대상으로 삼는 저들의 용기는 무엇에서 비롯했단 말인가. 시쳇말로 '통밥을 굴리지' 않을 수 없었다. 저들도 식량 조달에 그만큼 어려움을 겪는다는 얘기였다. 그동안 무방비로 열려 있었던 아우구스티노 형제의 김장밭이 금년 가을에는 연초록의 '만리장성'으로 둘러쳐졌고, 옆집 텃밭에는 아직 고구마가 성성하게 자라고 있지 않은가. 여기에 더해서 건강이 좋지 않은 권 사장은 금년에 김장밭을 아예 갈지 않았다. 먹을 것을 조달할 곳이라고는 인근에 우리 집밖에 없다는 분석이 가능했다.

둘째 날은 일정 면적을 싹쓸이하지 않고 두서너 군데를 먹다 말다 했다. 배가 불렀던 탓인가, 아니면 봇돌, 봉돌이 극렬하게 짖어댔기 때문인지 모를 일이다. 우리가 서울에 올라가서 집을 비워야 했던 어젯밤에는 한두 마리가 아니라 아예 일가족이 침입한 듯했다. 엄마와 아빠 고라니는 얌전하게 일정 구역의 무를 깨끗이 먹어 치웠지만, 아직 어려서 엄마와 아빠의 보호가 필요한 천둥벌거숭이들은 여기저기 난장질을 했지 싶다. 그들은 부드러운 잎은 먹고 뿌리는 입에 대지 않았다. 뿌리가 약간 맵게 느껴졌기 때문이 아닐까.

그렇다면 이 난관을 나는 어떻게 극복할 수 있단 말인가. 이런저런 궁리를 하던 중 문득, 옆집 개의 '다리몽둥이를 부러뜨리고 싶다'던 어떤 이의 얘기가 실감났다. 다리몽둥이 운운하는 얘기를 듣고 나는 평소에 부처님 같은 분이 어떻게 이런 수준의 분노를 느끼신단 말인가 의아했었다. 우리 옆집 과수원에서는 경계를 전선으로 둘러쳐서 감전사의 공포를 자아내 고라니의 접근을 완벽하게 막았다. 나는 이런 처사도 너무하다 싶었다. 또 어떤 이는 고라니의 개체수를 줄이는 게 문제 해결의 직접적인 방법이라 주장하며 덫을 놓는다고 했다. 한 해에 열두어 마리를 이런 식으로 잡는다고 내게 자랑했다. 그건 불법이 아니던가?

결국 둘째 날 밤, 우린 봇돌과 봉돌을 풀어놓았다. 하지만 이 녀석들이 고라니를 쫓을 생각보다 그동안 억울했던 속박의 굴레를 벗었다는 해방감에 동네방네 헤갈을 하며 밤새 돌아다녔다. 저 윗집의 개집에 갇혀 있는 동족과 밤새 밀회를 즐겼을 게 뻔했다. 해방을 맞은 봇돌과 봉돌이 남의 집 밭을 마구잡이로 헤집고 다녔을 걸 생각하니, '옆집 개 다리몽둥이' 얘기가 내 가슴을 후볐다. 개를 풀어놓는 것 역시 불법이 아니던가?

셋째 날인 엊그제도 우리는 고라니에 대한 대책 없이 그냥 서울행을 감행했다. 호암교수회관의 편안한 잠자리에서 우리 텃밭의 안위가 걱정되지 않은 건 아니었다. 고라니 사냥이 허락되는 철이 오면 엽총을 구해서 저 녀석들을 내가 직접 잡을까 하는 생각에까지 마음이 미치자 내 인격이 이 수준이라는 데 몸서리가 쳐졌다. 그래, 그렇다면 새총을 하나 만들어서 불침번을 서는 것이다. 저 녀석들의 토실토실한 엉덩이에 따끔한 돌멩이 탄환을 쏘아 보는 것이다. 그런데 문제는 내가 잠을 자지 않고는 단 하룻밤도 버틸 자신이 없다는 데 있었다. 하룻밤 불침번으로는 효과가 있을 것 같지도 않았다.

보기에 흉해도 밭 주위를 망으로 둘러치는 이들의 용단에 머리를 숙일 수밖에 없었다. 그런데 손바닥만 한 밭뙈기의 경계를 높이 1.2미터 이상의 망으로 둘러싸면 '손님'으로 오시는 고라니뿐 아니라 주인인 나 자신의 접근 역시 불편하지 않겠는가. 밭에 물주기가 우선 어려워질 것이다. 망으로 밭을 보호는 것도 해결책은 아니었다.

그 다음 내가 취할 수 있는 방안은, 외부에서 우리 집으로 이어지는 진입로만 막는 것이었다. 그렇게 어려울 것 같지 않았다. 우리 집 동쪽 입구가 완전히 열려 있는 게 문제니까, 비닐하우스를 세운 북서쪽 기둥에서 장미가 타고 올라가도록 설치한 철 사다리까지를 우선 막고 '함허우주생명연구소'의 서쪽으로 길게 열린 남북향 사면斜面을 막으면 고라니의 실질적인 접근로가 차단될 것 같았다.

그런데 이런 꼼수를 고안해 내는 동안 나를 괴롭힌 생각이 하나 있다. 도대체 고라니의 개체수가 급격히 늘어난 이유가 무엇이란 말인가. 도시 깊숙이 침입하는 멧돼지의 용기는 도대체 어디에서 비롯하는 것일까.

사람들은 생태계가 그만큼 건강해졌기 때문이라고 주장한다. 나는 산에서 살아야 할 짐승들이 사람의 주거지에 침입하는 것이 산짐승의 개체수 증가 때문만은 아니라고 본다. 대한민국에 서식하는 멧돼지나 고라니의 총 개체수를 조사해 보면 20년 전이나 지금이나 크게 다르지 않을 수 있다. 우리가 요즘 겪는 문제는 저들이 실제로 서식할 수 있는 면적의 급격한 감소에서 비롯했을 것이다. 다시 말해서 서식 가능 지역에 분포하는 고라니 개체수가 급격하게 늘었기 때문일 것이다. 전국에 흩어져 있는 골프장의 총 면적을 조사해 보면 지난 20여 년 동안 변한 단위 면적당 서식 밀도를 알 수 있을 것 같다. 추측컨대, 많이 높아졌을 것이다. 저들이 생존을 위해 민가로 내려올 수밖에 없는 이유가 여기에 있지 않을까.

그렇다면 나는 고라나나 멧돼지를 분노의 대상으로 삼아서는 안 된다. 우리의 가난한 농군들은 정치와 결탁한 일부 재벌의 무차별한 골프장 건설을 향해 분노의 화살을 쏘아야 한다. 이러한 인식이 전국적으로 퍼지기 전까지 나는 매일 슬픈 아침상을 차릴 수밖에 없다. 이것이 고라니와 내가 공존할 수 있는 유일한 길이 아닐까. 고라니가 먹다 남긴 무 뿌리와 씹다 만 잎사귀를 내가 먹으면 되지 않겠는가. '슬픈 아침상'이 고라니 일가를 먹여 살린 결과라면, '슬픈'이 아니라 '기쁜' 아침상일 것이다. 후자가 하느님 보시기에도 좋을 것이다.

나의 빈한한 텃밭은 고라니에 더해서 벼룩벌레, 배추 청벌레, 민달 팽이, 달팽이 등의 침공에 무방비 상태로 놓여 있다. 내가 아직 일절 약을 치지 않겠다는 고집을 꺾지 않고 있기 때문이다. 그들이 먹다 남은 잎사귀의 모습은 잎이라기보다 잎으로 만든 망사라고 불러야 마땅하다.

나의 이 '초라한' 아침상이 하느님을 즐겁게 해 드린다면 나는 그것으로 만족하며 살겠다.

2016년 9월 28일 세명대 퀴즈노스에서

———————

그 후 고라니와 불가침 협정이 맺어졌다.

나는 봇돌과 봉돌 모자를 밤이면 김장밭 앞으로 데려다 놓는다. 저들이 여름 별서로 사용하던 집을 저 아래 송림에서 들고 올라와 김장밭을 사이에 두고 대각의 위치로 옮겼다. 그 앞에 말뚝을 깊게 박고 봇돌, 봉돌 모자의 목줄을 매어 묶어 놓는 것으로, 고라니에게 충분한 공포심을 불러일으킬 수 있었다. 요 며칠 고라니의 방문이 없었다.

　나의 이런 전략이 실제로 성공할지 점검하기 위하여 오늘밤엔 봇
돌, 봉돌을 별서로 데려가지 않고 저들의 겨울 본가에 한번 그대로 두
어 보기로 한다.

　　　　　　　　　　　　　　　　　　　2016년 10월 2일 함허재에서

텃밭 너머 옥녀봉에 가을이 익어가고 있다. 2015년.

같음과 다름의 긴장 속에서

늘 깨어 있어라.

— 「마르코」13:37, 『200주년 신약성서』

우리네 삶이란, 같음에서 편함을 누리고 다름에서 지혜를 찾아야 한다고 감히 말씀드리고 싶습니다. 저 자신의 삶도 같음과 다름의 적절한 긴장으로 엮어 갈 수 있으면 좋겠습니다.

　이곳 일본우주항공연구소에 온 지 벌써 한 달이 넘었습니다. 일본 적외선 천문 인공위성이 내년 8월 하순경 하늘에 쏘아 올려질 예정입니다. 그 위성으로 제가 수행하고 싶은 관측 실험을 구상하고 있습니다. 일본을 여러 차례 방문하긴 했으나, 한 번도 일주일 이상 머문 적이 없었습니다. 이번 방문은 내년 2월 말까지 계속될 예정입니다.

설익은 제 영어가 서양에서 그럭저럭 통합니다. 길거리나 식당에서 먹을 것을 제대로 사 먹을 수 있고, 지나가는 사람에게 묻고 물으면 원하는 곳에 찾아갈 수도 있습니다. 그럼에도 서구에 가면 근원을 알 수 없는 묘한 불안감에서 헤어나지 못합니다. 그런데 어인 일인지 일본에 오기만 하면 그러한 불안에서 해방됩니다. 제가 일본말을 할 줄 알아서가 아닙니다. 저의 일본어 실력은 히라가나도 제대로 읽을 줄 모르는 수준입니다.

거리에서 만나는 사람들의 얼굴 생김새와 체형과 체구가 우선 저와 비슷합니다. 서울 시내버스의 외벽을 장식하고 달리던 배용준의 사진이 도쿄에서는 전철 안으로 그 자리를 옮겼을 뿐, 그의 곱상한 얼굴을 무기로 삼는 양국의 광고 전술에서 저는 아무런 차이를 발견할 수 없습니다. 하루의 피로를 붙들고 위로해 주는 전철의 손잡이하며, 만화와 휴대전화에 탐닉하는 중·고등학생들의 해맑음에서, 그리고 늦은 귀갓길에 만나게 되는 이름 모를 이들과의 동질성에서 저는 '같음의 편안함'을 즐길 수 있습니다.

그런데 한 2주 전부터 상황이 달라졌습니다. '다름의 긴장'이 스멀스멀 느껴지기 시작한 것입니다. 길거리에서 제가 사람들과 자주 부딪친다는 사실을 의식하게 된 것이 그 시작이었습니다. 저 앞에서 이쪽으로 걸어오는 이를 제가 먼저 알아보고 미리 길 왼쪽으로 더 바짝 붙어 걸으려고 하면, 그 사람은 무슨 '심술'인지 꼭 저와 같은 방향으

로 움직여서 결국 저와 부딪치고 마는 것이었습니다. 때로는 서로 부
둥켜안듯이 하고 같은 방향으로 계속 상대를 피하려고 허둥대기도
했습니다. 우연이라고 하기에 충돌의 빈도가 너무 잦다는 판단이 들
면서 원인을 찾기 시작했습니다.

우리나라에서는 사람이 좌측으로 통행하고(2010년 우측 통행으로 바
뀜) 차가 우측으로 통행합니다. 그런데 이 나라에서는 반대로 사람이
우측 통행을 합니다. 반세기 넘게 좌측 통행에 길들여진 제가 보도의
왼쪽으로 걷고 있으면, 우측 통행에 익숙한 일본인은 자신의 오른쪽,
그러니까 제가 볼 때 저의 왼쪽으로 걷습니다. 피할 때도 마찬가지입
니다. 우리는 길의 왼쪽으로 움직여 피하는 습성이 있는데, 이들은 자
신의 오른쪽, 즉 저의 왼쪽으로 같이 움직여 피하려고 합니다. 그러니
서로 부둥켜안는 수밖에 없습니다. 상대방이 여성일 때는 당혹스럽
기 이를 데가 없습니다. 통행 방식의 차이를 아무리 제 머릿속에 새겨
도 같음의 편함에 이미 깊게 중독된 상태여서 몸이 제 머리의 지시를
듣지 않습니다. 사정이 이러하니 저의 '한일 간 충돌'은 필연일 수밖에
없었습니다.

우리나라에서도 사실 저는 많은 이들과 부딪치며 살아 왔습니다.
육체가 아니라 정신적 충돌을 말씀드리는 것입니다. 그것은 제가 제
방식에만 길들여진 채 상대를 상대의 관점에서 볼 줄 모르기 때문에
생기는 충돌이었습니다. 일본 생활 3주가 되면서 같음이 주는 편함

을 고집함으로써 상대에게 아픔을 주며 살아 왔다는 반성을 하게 됐습니다. 오랜 같음에 가려져 있던 통행 방식의 작은 다름을 보지 못한 채 감겨 있던 제 눈이 열렸습니다.

저의 '잘못된 편함'에서 비롯되는 충돌에는 종교도 한몫을 하고 있습니다. 천주교를 통해서 제가 얻은 삶의 방식을 그동안 주위 사람들에게 알게 모르게 강요하며 살아 왔다고 반성합니다. 이 점은 자식들에게 특히 심했습니다. 그것은 깨어 있는 자만이 누릴 수 있는 진정한 의미의 편함이 아니라, 습관에 노예가 된 자가 놓기 싫어하는 삶의 한 가지 관성이었습니다. 저에게 편함이 상대에게는 '늘 그런 이', 즉 늙은이의 고집으로 비쳤을 뿐입니다.

2004년 9월 9일 요시노다이由野台 관조헌에서

나의 늙은 애마에게도 봄의 생기를

신영 곽 사장님,

사업장을 낙성대 입구에서 구암초등학교 뒤로 옮기신 이후 '신영'이 그동안 제게 주시던 편리함이 반감됐습니다. 그 까닭에 애꿎은 저의 늙은 애기愛騎가 피해를 보고 있습니다. 이 녀석의 정기 검진에 차질이 빚어졌다는 말씀입니다. 연초에는 엔진 밸브 소리가 기수騎手의 무딘 귀에까지 거슬리게 들려왔습니다. 그래서 엔진 오일을 교환할 시기를 놓친 줄 알았습니다. 앞유리 와이퍼도 '신영에 가서 갈아야지.' 하고 벼르기만 하다가, 눈 온 다음 날 대덕에 갈 일이 갑자기 생겨 그날 아침 동네 정비소에서 서둘러 갈아 끼우고 진눈깨비가 떨어지는 산본山本을 급히 떠났습니다.

이제 봄이 완연합니다. 오늘은 저의 '크레도스'를 곽 사장님께 꼭 보여드려야겠다고 결심했습니다. 겨울을 나면서 밖으로 드러나게 입은 상처는 물론이고, 알게 모르게 속이 썩으며 생긴 크고 작은 상처도 만만치 않을 것입니다. 그래서 오늘 제가 이 녀석의 최근 증상을 소상히 말씀드리고자 합니다.

저 혼자 타고 다닐 때는 녀석의 기력이 쇠진하고 있다는 낌새를 알아채지 못했는데, 어제 친구 셋을 태우고 함께 가면서 가쁜 숨소리를 들어야 했습니다. 어찌나 제 마음이 아프던지 '내일은 꼭'이라고 이 녀석에게 약속을 단단히 했습니다. 달리는 속도의 순조로움에도 예사스럽지 않은 이상 증후가 보입니다. 마치 바퀴 한쪽이 찌그러진 듯 찔뚝이며 울컹거린답니다. 운전석에서 내려 공기압을 눈으로 재 봤지만 그 때문은 아닌 듯했습니다.

① 클러치 디스크가 다 닳았다는 신호를 녀석이 제게 이렇게 보내고 있는지 모르겠습니다. 오늘 아침 나 홀로 출근길에는 울컹거림의 주저躊躇가 뚜렷하게 줄었습니다. 그렇지만 힘이 영 옛날 같지 않습니다. 차가 힘에 부치면 '르망'이 제게 줬던 공포의 기억이 되살아납니다. 타이밍 벨트 사건은 제게 하나의 공포로 남아 있습니다.

② 혹시 타이밍 벨트가 늘어나서 제 성능을 다 발휘하지 못하는 것은 아닌가 걱정됩니다. 한 번 교환했다고 기억합니다만, 제가 워낙 차를 혹사시키는 편이라 마음 한구석에 켕기는 바가 없지 않답니다.

③ 그러고 보니 스파크 플러그도 교환할 때가 되지 않았나 싶습니다. 차계부를 뒤져 보면 기록이 분명 있으련만, 이 녀석에게 힘을 북돋아 주는 데 꼭 그런 기록 따위를 근거로 할 필요는 없다고 생각합니다. 자신이 속으로 망가지는 것도 마다 않고 제게 늘 충성을 다하는 녀석을 제가 깍쟁이로 그렇게 대할 수는 없지 않겠습니까. 슬쩍 빼서 속이 얼마나 탔는지도 '헤아려' 주십시오.

힘에 관한 얘기만 드렸는데, 열병으로 고생한 적도 있습니다. 곽 사장께서도 기억하시겠지만, 작년 여름 한복판에 이 녀석이 고열로 몹시 신음한 적이 있습니다. 길가에 보이는 작은 정비소로 급히 데려가 방열 기구(라디에이터)의 속사정을 봤더니 냉각수가 엄청 줄어 있었습니다. 급한 대로 부동액을 보충하고 볼일들을 서둘러 처리한 후, 다음 날 신영에 들러 이실직고했더니 사장님께선 라디에이터에서 부동액이 계속 새는지 예의 주시하라 명하셨습니다. 저는 그 이후 약 한 달 동안 주차 자리에서 부동액의 '혈흔'을 더듬어 봤지만, 늘 깨끗했더랬습니다.

④ 아, 글쎄, 그런데 지난 설날 바로 다음 날, 드디어 사고가 터졌습니다. 의정부에 사시는 팔순 이모님께 세배를 드리러 가는 길이었는데, 녀석의 체온을 알리는 바늘이 춤을 추었습니다. 마침 가까운 곳에 기아자동차 정비소가 있어서 들어가 점검했더니, 또 부동액이 반감된 것을 확인할 수 있었습니다. 그때 보충한 이후 오늘까지 과열의

낌새는 보이지 않습니다. 그렇지만 두 차례나 심한 열병을 앓았다는 사실이 저로 하여금 녀석을 걱정하게 합니다.

⑤ 혹시 엔진 가스킷이 삭아 주저앉고 있는 것은 아닌가 걱정이 됩니다. 엔진 헤드를 열었다 하면 공사가 커질지 모르니, 어떻게 쉽게 밖에서 확인할 길이 없을까요? 곽 사장님, 제 가슴이 탑니다. 만약 속에서 가스킷이 납작해지고 있다면 녀석도 가슴이 타기는 저와 마찬가지가 아니겠습니까.

'신영 병원'에 이 녀석의 응급 검진을 이렇게 의뢰하는 것도 그렇지만, 저는 무슨 일을 하든지 마감 시한 5분 전에 발동이 걸립니다. 그날도 10분 이상 걸리는 거리를 5분 남겨 놓고 가려고 매우 급했습니다. 다른 일도 아니고 매주 하느님께 드리는 문안 인사에 시간을 맞추려고 허둥대는 주인의 성미를 맞추려다가 이 녀석이 시민회관 주차장의 시멘트 기둥과 부딪쳤습니다.

⑥ 운전석 쪽 앞문이 살짝 찌그러졌답니다. 저는 괜찮은데 주위에서 보는 분들의 성화가 대단합니다.

기억하시겠지만 운전석 반대쪽 뒷문도 찌그러져 있지 않습니까. 곽 사장님께서 그냥 그런 대로 쓰라고 해서 저는 거리낄 것 없이 잘 지내고, 저를 잘 아는 분들 또한 이 점에 관해 아무 말씀을 아니하십니다. 하지만 오랜만에 만나는 친구는 "너, 어디 다친 데는 없었니?"라고 걱정해 줍니다. 그러고 보니 이제 사흘만 있으면 춘분春分입니다.

늙은 여인도 봄이면 빨간색 옷을 좋아한다고 하지 않습니까. 비록 여덟 살 먹은 늙은 크레도스지만, 이 녀석이라고 어찌 봄이 오는 것을 모르겠습니까? 이번 기회에 앞뒤 문짝 찌그러진 곳을 살짝 펴 주기만이라도 해 주십시오. 그래야 녀석에게 제 체면이 설 것 같습니다.

⑦ 제 마음 같아서는 녀석의 소리 나는 관절에 기름이라도 쳐 주고 싶습니다. 울컹거리는 신음을 더 이상 듣고 싶지 않거든요. 쇼크 업소버를 갈아준다면 녀석의 기분이 무척 좋아져서 망아지처럼 다시 즐겁게 뛸 듯싶습니다. 제가 관절염의 증후를 말씀드릴 때마다, 저의 주머니 사정을 잘 아시는 곽 사장께서는 "그냥 쓰시죠."로 넘기곤 하셨지만, 그동안 녀석이 저와 나눈 정리를 생각해서라도 관절의 고통만큼은 이번 기회에 덜어 주는 것이 저의 주인 된 도리가 아닐까 하오니, 헤아려 주십시오.

⑧ 이 걱정도 마저 말씀드려야겠습니다. 바쁘시겠지만 이왕 참고 들어 주신 김에 조금만 더 참아주십시오. 시속 80킬로미터 정도에서 앞바퀴가 통통 튀는 듯한 느낌을 받습니다. 타이어의 균형이나 축의 정렬이 흐트러졌을 것 같습니다.

아시다시피 이곳 관악 캠퍼스라는 곳이 원래 젊음이 용약勇躍하는 곳 아닙니까? 어디 학생들뿐입니까. 자장면 배달 차량의 곡예도 한몫을 단단히 하는 곳입니다. 그래서 속도 제한을 자동으로 구현할 요량으로 대학 당국은 캠퍼스 곳곳에 과속방지턱을 많이많이 설치했습니다. 자장면을 실은 이륜차의 곡예야 제가 이 자리에서 새삼 언급한들 무슨 소용이 있겠습니까? 학생들은 차를 과속방지턱의 한쪽 끝까지 바짝 몰고 가 쇼크 업소버 한쪽에만 충격을 주는 요령을 발휘하여, 자신의 차를 잘도 달래곤 합니다. 하지만 저는 운전을 그렇게 요령 있게 하는 부류의 인물도 아니고, 그렇다고 지정된 속도 제한을 철저히 지키지도 못하고 해서,

⑨ 크레도스가 지난 7여 년간 감당해야 했던 충격의 총량은 '무제한의 수명을 보증한다'는 근자의 쇼크 업소버에도 무리였음이 틀림없습니다. 관절을 갈아주십시오.

이제 곽 사장께선 이 양반이 열(⑩)까지 모두 채워야 직성이 풀리겠구나라고 생각하셨을 것입니다. 그러나 그것은 오산입니다. 아직도 몇 가지가 더 있습니다. 그렇지만 그것마저 모두 말씀드리면 곽 사장께서 버럭 역정을 내실 것 같아 오늘은 이만 줄이겠습니다. 대신 곽 사장께서 그동안 쌓아 오신 오랜 경험의 무게를 저는 전적으로 신뢰합니다. 녀석에게는 지금 보살펴 줘야 할 곳이 여기저기 더 있을 것이 확실합니다. 그것은 신영의 전통에 맡기겠습니다.

그럼 곽 사장님과 신영 식구들의 건승을 기원하며, 저의 병든 크레도스를 신영에 맡깁니다.

2003년 3월 17일 관솔재에서

세 번째 관측

살며
만나며
깨달으며

누구나 한번쯤은 느껴봤을 것이다. 일년 내내 열심히 일하다가
잠깐 어느 계곡에서 하루를 보내다 바람이 불기라도 하면
상상의 공간으로 순간 이동하게 된다는 걸.

　　— 박칼린, 「한없이 투명에 가까운 블루에 풍덩 빠져들다」

만남, 신비의 강

희숙과 종수 님,

격조했습니다. 살아가면서 경험하게 되는 온갖 만남이 우연의 결과
인지 필연의 소산인지, 아니면 신의 섭리攝理인지 나는 알고 싶습니다.
또 뭔 엉뚱한 소리냐고요? 이실직고하건대, 이 사람이 세상에 태어나
서 처음으로 그림을 한 점 구입했어요. 여태 하지 않던 짓을 '지공地空'
의 나이에 와서 저질렀단 말씀이외다. 이 사건에 얽힌 '우연과 필연'
의 사연이 화두가 되어 나를 괴롭힌 지 꽤 됐습니다.

　일본에서 우리 학과에 초빙교수로 와 계신 M 교수에게 "2009 오
디세이" 한국 현대 사진작가 10인 전에 같이 가자는 약속을 했었습
니다. 나는 개막 첫날에 벌써 한차례 둘러보았지만 민병헌의 「스노우

랜드」를 다시 보고 싶었습니다. 그런데 막상 날짜를 잡아놓고 보니 "2009 오디세이"는 이미 사흘 전에 끝났고, 대신 제주도 출신 화가30인의 작품전이 그곳에서 열리고 있었습니다. 월간《미술세계》의 주관으로 제주 의녀義女 김만덕 할머니를 기리기 위한 모금 성격의 자리였습니다.

나는 낙성대에서 서초동으로 향하는 차 안에서, "두 분께서 앞으로 제주도를 방문하실 게 확실하니 한라산의 풍광을 그림으로 미리 봐 두시는 것도 좋을 것"이라고 M 부부를 설득했습니다. 그래서 두 집이 같이 예술의전당 한가람미술관에 발을 들여놓게 됐던 것이죠.

그런데 전시실 입구 정면 벽에 걸린 두 폭의 작품이 내 시선을 흡인한 채 놓아주지 않는 겁니다. 한라산을 배경으로 한 '수묵화'였습니다. 새벽이 스며드는 한라의 실루엣이 내 가슴에 차분하게 안겨오는가 싶더니 나도 그림을 한번 사보겠다는 욕심이 불뚝 이는 게 아닙니까. 아내 설득이 시작됐죠. "무슨 정신 나간 소리를 해?"라는 핀잔이 "당신이 언제 적부터 그림을 좋아했다고 그 돈을 주고 사려고 해?"의 질책으로 이어집니다. 한마디로 '어처구니가 없다'는 표정이고, 가격이 내 능력에 버거운 것도 마음 아픈 현실. 하지만 나의 아내 설득은 동행한 손님 귀에 들리지 않도록 비밀스럽고 집요하게 진행됐습니다. 조르고 빌고 달래기까지 해서 겨우 "당신 마음대로 해."라는 퉁명스러운 답을 전시장 한구석에서 받아냈습니다. 내 돈 쓰기가 이렇게 어려워서야, 내, 원, 참!

담당자와 구입 절차를 의논하는데 제주와 무슨 인연이 있느냐고 묻기에, "사위가 성산 수산리 출신입니다."라고 얼른 대답했죠. 가격의 반을 그 자리에서 카드로 지불한 다음 벌써 저만치 앞서가 있는 일행에 서둘러 합류했습니다. 작품에 붙게 될 빨간 딱지를 생각하면서 말입니다. 이제 저건 내 그림. 전시장을 건성으로 도는데 머릿속은 온통 '내 그림' 생각으로 분주했습니다. 어디로 가져와야 하나, 연구실 관허재觀虛齋 아니면 수리산 발치의 우리 집. 어느 벽에 걸면 좋을까.…
그런데 그날 저녁 집에 와서 도록을 펼쳐 보다가 그 작품이 수묵화가 아니라 판화라는 사실을 뒤늦게 깨달았습니다. 아뿔싸, 아내의 말이 맞았던 것입니다. 내가 언제 적부터 그림을 좋아했다고? 판화인지 수묵화인지도 모르는 주제에 작품을 구입할 생각을 다 하다니, 나 자신도 어처구니가 없기는 마찬가지였습니다.

이런저런 이유로, 작품이 내 손에 오기까지 거의 한 달을 기다려야 했습니다. 드디어 「한라의 새벽녘」이 수리산 발치에 도착했습니다. 아내와 같이 포장을 조심스럽게 풀었습니다. 둘은 고심 끝에 십자고상을 다른 벽으로 옮기고 그 자리에 새 식구가 된 '나의 판화'를 걸었습니다. 집이 좁아진 느낌입니다. 그런데 그 순간 내 눈에 들어오는 작가의 사인에 뭔가 짚이는 게 있는 겁니다. 급히 건너편 벽으로 가서 까치발을 한 채 「Day Break」의 하단을 내 흐린 눈으로 더듬었습니다.

128

동일 서명이었습니다. 작가의 이름보다 사인의 형태를 기억했다는 사실에 나는 곤혹스러웠습니다.

그대들 내외가 학위 취득 기념으로 아담한 크기의 판화 한 점을 내게 선물한 적이 있어요. 나는 그 작품을 무척 좋아합니다. 우리 집에 걸어놓은 지 20여 년이 돼 갑니다. 전반적으로 어두운 분위기의 작품이지만 그 어둠에는 암흑暗黑의 공포보다 여명黎明의 설렘이 묻어나서 좋습니다. 여명이라 말을 하고 나니, 언뜻 반세기 전을 머리에 떠올리게 됩니다. 중·고등학교와 대학을 같이 다닌 열두어 명의 악동들이 모임을 결성했습니다. 이름하여 "여명회". 대학 3학년 이래 지금까지 우린 거의 매달 한 차례씩 꾸준히 만나오고 있습니다. 지난 주말에도 강남 어느 한정식 집에서 만나 밤늦도록 떠들고 '싸웠'습니다. 44년 전 보광동의 겨울밤에 "여명"이라 작명을 해놓고 서로들 무척 대견했더랬습니다. 두 분께서 아시다시피 나는 이제 '황혼'입니다. 그래도 우리 악동들은 "여명"이기를 오늘도 고집합니다.

그대들 부부가 우리에게 주신 그 판화의 분위기에는 또 좀 차가운 데가 있어요. 새벽을 깨우는 하늘의 차가움 말입니다. 그래, 그렇고말고. 내가 원래 저렇게 가슴이 차가운 쌀쌀맞은 인간이지. 내 성깔머리를 생각해서 저런 작품을 일부러 골라 준 걸 게야. 어쨌든 그 사인은 「Day Break」의 작가 ㄱㅅㅎ, 바로 그분의 것이었습니다.

나는 작가의 이름 석 자도 모른 채 작품을 구입했던 것입니다. 평

판이 아니라 작품에 끌려 내린 어쩔 수 없었던 선택. 내 눈에 씌었던 콩깍지. 아, 이 운명의 만남. 그래서 나는 그대들 부부에게 간곡히 묻습니다. 나와 이 작가의 만남이 누구의 섭리라고 생각하시느냐고. 두 분께서 20여 년 전에 그 작품을 고르게 된 사연을 들려주시오.

왜관 분도회의 송광호 신부님이 어느 책에선가, "인간의 만남은 신비의 강"이라고 했습니다. 두 분이 내게 주실 사연이 저 신비의 강을 더욱 깊고 세차게 흐르게 할지, 아니면 '신비의 우연'을 '자연의 필연'으로 돌려놓을지 알 수 없습니다. 작가 황석영은 자전적 소설 『개밥바라기별』에서 우연과 필연을 이렇게 가름하더군요. 어떤 우연이든 거기에 의미를 부여하면 다 필연이 된다고 말입니다. 유장悠長하게 흐르는 시공의 20년을 사이에 둔 두 점에서 이루어진 이 만남에 내가 운명 말고 또 어떤 의미를 부여할 수 있겠습니까.

그래도 나는 저 우연의 심연으로 흘러들었을지 모르는 필연의 실개울들을 찾고 싶습니다.

2009년 9월 28일 관허재에서

자유를 향한 일탈

「아웃 오브 아프리카Out of Africa」는 나 혼자 플로리다에 가 있을 때 본 영화다. 아프리카라는 원초의 배경, 거기에 덮여서 잔잔히 울려퍼지던 목관 악기의 매혹적 선율, 커피 농장에 얽힌 인간사의 단면, 자유 자체이기를 원하던 남자 주인공의 야성미, 그리고 여자 주인공의 제도로부터의 일탈이랄까 아니면 자유에 대한 원형질적 욕구 같은 게, 모두 한데 멋지게 어우러진 작품이었다. 하지만 비극으로 끝나는 것을 보고, 사람이 자유로울 수 없는 이유가 이 비극의 필연성에 있지 않은가라는 생각을 하면서 씁쓸했던 기분을 지금도 지워 버릴 수가 없다.

'여자의 꿈'과 관련하여 어제 권석민 교수로부터 받은 「아웃 오브 아프리카」에 대한 그의 감상에서 나는 '이탈'이라는 두 글자에 담긴 의미를 생각해 봤다. 매릴 스트립(카렌 역)의 이탈은 유럽이라는 낡은 제도권으로부터의 탈출을 의미했다. 거기에는 남성과 여성의 상대적 관계, 사회가 요구하는 전통과 예의범절의 속박, 그리고 역사의 때에 찌든 도시의 숨 막히는 질곡 등이 포함돼 있으리라. 그래서 그녀는 속도 없는 기차를 타고 아프리카라는 미답의 세상으로 탈출한다. 육신과 정신에 깊게 밴 유럽의 때를 아프리카의 야성 속에서 말끔히 씻어 버리기라도 하겠다는 집념으로 말이다.

나의 경우 이제 '일탈'은 한국 사회가 요구하는 '성공한 남성'의 상을 깨는 것이다. 내 비록 좋아서 천문학을 공부했다고 하나, 지난 30년 동안은 사회가 요구하는 성공한 인물이 되기 위한 하나의 방편을 '천문학 하기'에서 찾았다는 생각이 든다. 아울러 하늘이 항시 내게 주던, 모든 속박으로부터의 탈출 가능성이 나를 매혹적으로 이끌었기 때문에 '천문학 하기'라는 특정 범주의 인간 활동을 하기로 결심했던 것이다. 하지만 그렇게 하는 과정에서 살아남기 위한 길, 그것은 사회와 역사가 만들어 놓은 피할 수 없는 트랙이었고, 그 트랙을 따라 얌전히 달리라는 무언의 압력에 공손하게 순응함으로써 오늘에 이르게 됐다. 이 자각을 이 늦은 나이에 비로소 하게 됐으니, 여기서 내가 택할 수 있는 일탈과 해방의 경지는, 아프리카 원시림의 자연도 아니고, 도교적 사상의 정신적 도피도 아니다.

그렇다면 무엇이란 말인가. 삶이 지닌 궁극의 문제를 생각하는 과

정에서, 그리고 천문학이라는 학문의 길을 걷는 과정에서 지능을 갖
춘 생명체로서, 지구 생명의 일원으로서 인간 홍승수가 추구하는 의
미는, 어떻게 생명 현상이 우주적 배경에서 일어나게 됐느냐에 있었
다. 그것이 알고 싶은 것이다. 의식의 근본이 되는 '의식할 수 있는 기
작'이 태동하기까지, 행성계의 탄생과 거기에 생명이 서식할 만한 조
건이 형성되기까지, 그리고 무생물에서 시작한 어떤 존재가 자기 존
재를 인식하게 되기까지 진행된 우주적 드라마를 알고 싶다는 욕망
이다. 이 욕망을 안아줄 수 있는 것은 아프리카 원시림의 자연도 아니
요, 행성 간 공간의 광막함도 아니요, 오로지 학문의 길뿐이다. 그런
데 그 학문은 출세를 위한, 상을 타기 위한, 직업인으로서 자격을 유
지하기 위한, 그리고 얄팍한 권위와 체면을 유지하기 위한 방편으로서
의 학문이 아니라, 알고 싶은 것을 스스로 파헤쳐 알아내고, 우주적 드
라마의 일부를 조금씩 더듬어 갈 수 있는 사고의 편력이 필요하다.

　이것이 바로 내가 원하는 일탈의 본질이다. 그림을 그리던 장욱진
화백이 서울대 미대 교수직을 집어던져야 했듯이, 시를 쓰던 시인이
알량한 잡지사 편집장 자리를 걷어찼듯이, 나도 모든 것을 내던지고
오로지 내가 알고 싶은 것만을 찾으러 홀로 황야를 걷고 싶다.

　그런데 현대 과학은 사회적 활동의 소산이며, 막대한 양의 재화와
조직을 필요로 한다는 것을 나는 잘 안다. 그것은 대학이라는 조직과
재단의 지원이라는 틀에 자신을 끼워 맞출 때만 가능하다는 사실에

눈을 돌리면, 그게 바로 로버트 레드퍼드(데니스 역)가 비행기 사고로 생명을 잃는 비극과 같음을 알게 된다. 인간은 본디 자유로울 수 없는 존재란 말인가.

이제 나는 내가 알아내려는 것들이 과연 그렇게 많은 재화를 꼭 필요로 하는가 되묻게 된다. 그럴 필요가 없을 것이다. 내가 받을 퇴직금의 수준에서 하는 데까지 하면 되지 않겠는가. 그런데 정말 그럴 자신이 있는가?

앞으로 제도권이 내게 보듬어 주겠다고 약속한 (퇴임 전) 5년 동안 나는 이 문제를 집중적으로 고민하며 살아야 할 것이다.

2004년 추분에 사가미하라 관조헌에서

껍질에 드러나는 내면

아들에게,

지난주 수요일이었다. 여러 날 머리를 짓누르던 일을 하나 처리하고 났더니 마음이 공연히 허전해지던 바로 그날이었다. 나는 일찍 퇴근하여 밖에서 네 엄마와 함께 영화 「뷰티풀 마인드^{Beautiful Mind}」를 감상했다. 자정이 다 돼서 집으로 돌아왔는데, 아파트 입구 계단을 오르는 엄마에게 경비원의 손짓이 뒤따르더라. 엄마는 제법 부피가 나가는 상자를 부둥켜안고 나를 버려둔 채 엘리베이터에 먼저 올랐다. 다시 내려온 엘리베이터로 엄마를 뒤따르면서 나는 너의 신분 변환이 차질 없이 이루어졌음을 알아챘다.

문턱에 앉아 소포 상자를 급히 끄르는 엄마에게, 경험에서 나온 한마디를 던졌다, 편지가 있을 터이니 잘 찾아보라고. 점퍼 주머니에서 A4 용지 4분의 1 크기의 쪽지를 꺼내 읽는 엄마의 눈가를 멀찍이서 훔쳐보면서 나 자신의 같은 부위에서 울려오는 변화의 징후를 먼저 감지할 수 있었다. 나는 태연한 척 빈 상자만 들고 소파로 돌아와 노트북을 꺼내 '경상남도 진주시 금산면'으로 시작되는 너의 현주소를 천천히 적어 넣었다. 신분 변환을 확인하고 기록으로 남기는 예식의 거행이었다.

'신분 변환 과정!'

입소식이 있은 그날 처음 들어본 표현이었다. 공군교육사령부 장교후보생 훈련대대 대대장의 설명에 따르면, 내 아들이 현재 정체불명의 존재라는 얘기였다. 너의 정체가 민간인民間人도 아니고 군인軍人도 아니라는 해괴한 판단에, 아들을 던져놓고 떠나야 하는 부모의 처지가 지극히 한심했고 심경은 한없이 서글펐다.

내가 군복무를 한 1960년대에는 "저기 군인과 사람이 같이 간다." 라는 표현을 즐겨 썼는데, 말하자면 네가 현재는 '사람'도 아니고 '군인'도 아니라는 얘기였다. '군인' 아닌 것이야 그 누가 탓하랴만, '사람'이 아니라니 서운했다. 진주에서 서울로 오는 천리 길 고속도로에서 '신분 변환 과정'이 내 머릿속에 화두로 어른거렸다.

그리고 나서 열흘이 지났다. 우리가 받은 소포는 너의 신분 변환이 현재 완료형으로 끝났음을 의미했다. 너의 껍질을 담은 소포가, 네가 신분 변환의 연옥을 무사히 건너 이제 군인의 신분을 갖게 됐다고 우리에게 말없이 알리고 있었다.

되돌려 받은 민간인의 옷에서 신분 변환의 확실한 증표를 찾았다면, 그것은 껍질을 꿰뚫어 내면을 읽을 수 있기 때문이 아닌가. 그렇다면 이것은 심각한 모순이다. 본래 껍질이란 속을 감추어 외부로부터 알짜를 보호하는 것일진대, 껍질로 하여금 삶의 내적 실체를 드러내게 하다니, 이것이 모순이 아니고 무엇이란 말인가.

나도 너의 현재가 궁금했다. 현재 완료의 확인보다, 완료형에 담긴 내용이 보고 싶었던 것이다. 거실 바닥에 앉아 읽고 또 읽는 엄마를 재촉하여 빼앗듯이 그 쪽지를 건네받았다. 그러고는 A4 4분의 1에 적힌 문자의 정보를 눈앞의 활동사진으로 그려보았다.

소포의 수신자 난에는 아버지, 어머니 이름이 적혀 있었는데, 사연의 서두는 "어머니, 아버지"로 시작했다. 여기에서도 나는 껍질로 드러나게 마련인 본성의 차이를 읽을 수 있었다. 또 "잘 있다"는 보고는 현실로 부딪치는 역경이 입대 전 상상 속에서 다지고 벼른 각오에 비해 약간은 수월하다는 뜻일 것이며, 걱정할 어미의 가슴을 위안의 손길로 쓰다듬으려는 따뜻한 배려로 읽었다. 어미의 마음을 헤아리려는 노력은 민간인 옷을 깨끗이 빨아서 부치지 못하는 무례를 언급하는 데서 다시 확인됐다. 음표까지 곁들여 가사의 내용을 상기시켜 준 "낳으실 때 괴로움…"에서 나는 껍질을 벗겨 내면의 실체를 기억하게 한 교관의 의도를 간파하며 속으로 미소 지을 수 있었다. 그런데 교관의 속셈을 간파한 것보다 더 중요한 것은 내 아들의 가슴에 담긴 내적 실체의 발견이었다. 그것은 너의 가슴에 고이 간직돼야 할 보물이고 부모의 기억에는 길이 남아야 할 사람의 본질이었다.

껍질만 벗으면, 해서는 아니 될 일을 한 흔적이 그 사람에게서 영영 사라지는 것인가. 그렇지 않다는 것을 나는 잘 알고 있다. 갓 태어난 아이의 눈빛과, 다양한 종류의 껍질을 여러 차례 바꿔 입으며 살아온 이의 눈빛이 뚜렷하게 다르게 보인다는 점에서, 나는 껍질이 내면의 영혼에 지울 수 없는 흔적을 남긴다는 사실을 알고 있다. 껍질의 더께는 눈빛에 침윤되게 마련이므로, 그 더께를 숨기려 한 흔적조차 결국에는 눈빛에 노출되고야 만다.

한 종류의 껍질만 오랫동안 입고 살아온 이들의 눈빛은 그래서 아름답다. 지아비와 지어미로 서로 사랑하며 해로偕老한 부부의 눈빛에서 우리는 흔들림 없는 행복을 읽는다. 먹물 먹인 장삼이나 잿빛 수도복만 입고 일생을 지낸 구도자의 눈빛이 전하는 깊은 평화平和를 보라. 온갖 더께로 침윤된 눈빛은 모략과 술수, 질시와 애증, 심술과 시기의 흔적으로 보는 이를 떨게 하는데, 깊은 평화로 충만한 눈빛의 순수함은 사람뿐 아니라 짐승까지도 편안케 하는 위력을 지닌다. 새들도 알아들은 성 프란치스코의 순수한 언어를 우리는 성철 스님에게서도 똑같이 들을 수 있다.

아들아, 군복을 입든 민간인의 복장을 하든, 자신이 뜨거운 가슴을 간직한 사람이라는 사실을 잊지 말고, '아담아, 너 어디 있느냐'고 나직하게 찾으시는 하늘의 조용한 목소리에 늘 귀 기울이며 살아다오. 그래서 침윤의 결과로 드러날 네 눈빛이 순수를 향해 흐르는 맑은 샘물이 되도록 네가 입어야 하는 군인의 껍질을 선의로 활용하렴.

2002년 4월 2일

아버지

소리 없는 가야금의 울림

며느리에게,

소연아, 연례행사로 치르는 나의 서가^{書架} 정리가 금년에도 미완성으로 그칠까 걱정이다. 벌써 나흘째 법석을 떨고 있다만 끝이 보이지 않는다. 어제는 정리한다고 하다가 오히려 내 방을 더 어지럽혔다. 이 와중에 임자 잃은 악기 두 점이 내 눈에 띄더라. 그 녀석들을 내 서재에서 네가 쓰던 방에다 임시로 옮겨 놓았다. 네가 있을 때는 내가 그 악기의 존재를 의식하지 못했는데, 네가 멀리 가고 내 곁에 없으니 그 녀석들이 내 시선을 잡고 놓아주지 않는다. 실은 나무로 된 소리 통에서 내가 악기를 본 것이 아니라 너를 봤기 때문이리라.

　나의 책들도 마찬가지 운명에 있는 듯하다. 집에 있는 책이 줄잡아만 권은 될 듯한데, 내가 앞으로 읽을 수 있는 시간이 10년 남짓할 터이니, 한 해에 천 권씩, 한 달에 아흔 권씩, 하루 세 권씩 읽어도 집에 있는 저들과 내가 겨우 두 번 이상 만나기 어렵다는 계산이 나온다. 그래서 나의 저 책들과 너의 임자 잃은 가야금 두 대의 신세가 똑같다는 생각을 하기에 이르렀다. 물론 모조리 다 한 번씩 더 읽고 저 세상으로 가야 할 의무랄까 뭐 그런 것은 내게 없다만, 내가 떠나고 나면 저 책들이야말로 결국 파지상에 넘겨질 것을 생각하니 내 맘에 깃드는 우수를 토로하지 않을 수 없다.

오늘 아침 신문에 "무성無聲"이란 제목의 글이 한 편 실렸더라. 당唐의 천재 시인 백거이白居易의 「비파행琵琶行」이란 시를 소개하고 있었다. 거기에 비파가 내는 소리를 묘사한 대목이 나오는데, 나는 그 대목에 이르러 그만 너를 또 생각하지 않을 수 없었다.

816년 가을. (중략) 자신을 찾아왔다가 돌아가는 친구를 강가에서 배웅하면서 읊은 시다. 친구를 보내려다 술 생각이 난 백거이는 작은 배에 들어앉았다. 이윽고 들려온 처량한 비파 소리.

그는 그 소리의 주인공을 찾는다. 퇴기退妓로 인생을 전전하면서 장시성까지 내몰린 중년 여인의 비파 타는 솜씨는 단연 압권이었다. (중략) 그의 절창 중에서도 후대 사람들이 찬탄을 금치 못하는 대목은 다음이다. "달리 마음속 깊은 곳의 수심이 올라오니, 이때는 소리 없음이

소리 있음을 이기고도 남는다^{別有幽愁暗恨生 此時無聲勝有聲}." (후략)

— 유광종, 2007년 1월 3일 《중앙일보》 「분수대」

어떠니, 전문가인 네 눈으로 볼 때, 백거이의 이 묘사가 진실보다 더 진실하지 않니? 내 재조才調의 부족을 한탄함과 동시에, '인류의 재산은 고전이 전부'라는 생각을 하게 된다. 나는 무엇을 남기고 갈 수 있을까? 그 퇴기의 1,200년 전 비파 연주는 소리도 흔적도 없이 시공에서 사라졌지만, 백거이는 사라진 그것을 1,200년의 시간과 거대 대륙의 공간을 건너뛰어 오늘 내 귀를 쟁쟁하게 울려 줄 수 있구나.

'무성無聲이 유성有聲을 승勝한다'는 이 표현은 삶의 깊은 통찰이 없었다면 결코 손에 잡힐 수 없는 진리였을 것이다. 그의 오랜 내공만이 토해낼 수 있는 절창 중 절창이다. 소연아, 우리 멀리 보고 살자. 십 년 후 자신의 모습을 어렴풋이 그려보면서 말이다. 천 년은 아니더라도.

2007년 1월 3일 정해년 벽두에
아버지

내소사 솔바람 차에 취해서

천왕문天王門을 지나 두어 계단을 오르자 대웅보전이 고졸古拙한 미소를 내게 보냈다. 대웅전을 향한 너른 마당 왼쪽에 소박한 모습의 찻집이 앉아 있었다. 힐끗 보이는 넓은 찻집 유리창의 "솔바람 차" 메뉴가 큰 몸짓으로 나를 유혹했다. 한지에 내리글씨로 쓴 솔바람 차의 '솔'자가 기운 노송의 멋과 운치를 지녀 강하게 끌리는 데가 있었다. 그렇지 않아도 내소사來蘇寺 일주문 바깥에서 먹은 늦은 점심의 젓갈 반찬이 비린 맛을 혀에 남겨 내 입이 개운치 않던 참이었다. 하지만 높이 앉은 대웅보전大雄寶殿의 단청 벗겨진 단아함이 내 발길을 은근히 끌어당겨 차는 내려오다 마시기로 했다.

대웅보전 창호에 새겨진 꽃무늬 목각이 나를 잡고 놓아주지 않는다. 연전年前에 아내와 이곳을 찾았을 때도 우리는 꽃 창살 앞을 그냥 지나칠 수가 없었다. 수많은 꽃을 조각해 창틀로 삼을 줄 알았던 소목장小木匠의 솜씨도 솜씨거니와 그의 불심佛心의 그윽함을 우리는 오늘도 찬탄했다. 신심의 깊이가 그로 하여금 끌과 망치만으로도 저 많은 꽃들을 송판에서 피어나게 했으리라. 죽은 소나무에 새겨진 꽃들이 그의 불심을 천년이나 피워 내고 있었다. 아니다, 소목장의 불심이 천년을 두고 꽃으로 거듭 피어나고 있는 중이었다.

대웅보전 돌계단을 내려서 삼층석탑을 마주하니 나 자신이 원의 중심에 던져져 있음을 알게 됐다. 멀지도, 그렇다고 가깝지도 않은 곳을 굽이굽이 달리는 능가산愣伽山의 능선이 병풍인 양 나를 감싸 안는다. 중심에서 '무거울 중重'의 '무게'를 느낀다. 길게 흐르는 능선은 군데군데 골을 파고 물길을 냈다. 골골이 모인 물길은 요사채寮舍寨 옆을 크게 에돌면서, 때로 뜨겁게 달아오른 젊은 수도승들의 육신을 식혀 줬을 것이며, 세속으로 치달으려는 그들의 마음을 다독이기도 했으리라.

봄을 보일 듯 말 듯 감춘 햇빛이 얼어붙은 나의 돌 심장까지 녹여 부처의 따뜻한 마음을 느끼게 했다. 골짜기 한편에 멀리 자리한 작은 암자가 내 쌍안경의 시야에 들어오고, 머릿속엔 암자의 겨울이 자리했다. 저 암자에 노老스님 계시다면, 지난겨울 내내 그분이 견뎌야 했던 한기寒氣의 혹독함은 어떠했을까.

이곳에 터를 잡아 절집을 세운 눈 밝은 스님은 과연 누구였을까?

우리네 평균 수명은 최근에 와서야 급격하게 연장됐을 뿐, 당시 한 사람이 발품에 들일 수 있었던 시간의 폭이란 극히 제한적일 수밖에 없었을 터. 한 사람에게 허락된 짧은 삶을 살면서 그가 자신의 발길을 변산반도 끄트머리로 돌리기까지 감내해야 했을 혹한과 땡볕을 내가 오늘 감히 가늠하려 한들, 어찌 그 눈 밝은 스님의 원력顯力을 다 헤아릴 수 있겠는가. 다만 창호에 꽃을 피운 저 소목장의 불심은 천주를 향한 내 신심으로 감히 헤아려 볼 수 있지 않을까? 아니다, 어림도 없는 일.

머리를 세게 흔들어 헛된 염念을 서둘러 털어 버린 다음, 나는 몸을 돌려 귓바퀴를 때리는 물소리를 찾아 샘으로 발길을 옮겼다.

키가 내 가슴 높이에 이르는 넓은 돌확의 중심에 사자인 듯한 짐승이 앉아 있다. 사자의 입에서 흘러나오는 생명의 물줄기가 돌확 안으로 사뿐히 내리꽂히는데, 돌확 바닥에 널린 동전이 내 시선을 어지럽힌다. 동전 하나하나에 서린 수많은 중생의 크고 작은 염원을 저 굳은 돌확은 아는지 모르는지.

알록달록한 바가지들이 눈길을 끈다. 플라스틱, 플라스틱, 하지만 어쩌랴. 그래도 이왕이면 하는 생각에 생명의 색이라는 진초록의 바가지를 골라서 사자의 입가로 가져갔다. '돈맛'을 아직 모르는 샘물을 담기 위해서였다. 그렇지만 사자 입 앞에 대려던 바가지를 나는 다시 내려놓아야 했다. 바가지 테두리에 발린 입술연지가 진초록과 꼴

불견의 대조를 이루고 있었기 때문이다. 그렇지, 솔바람 차, 솔바람 차가 있었지!

볼일을 먼저 마친 휘근이 그의 전매특허인 휘적 걸음으로 천왕문을 향하고 있었다. 나는 그에게 크게 팔을 저어 발길을 찻집으로 우선 돌려놓았다. 아내가 해우소解憂所에서 나오기를 기다려 우리 부부도 휘근을 따라 찻집으로 들었다. 한껏 멋 부린 '솔바람 차'의 '솔' 자를 요모조모 뜯어보면서.

그때 회색 옷에 회색 모자를 깊숙이 눌러 쓴 한 여인이 우리보다 앞서 찻집 미닫이를 밀며 들어서고 있었다. 일본풍 모자로 멋을 낸 그녀는 절집에서 흔히 만나는 신심 깊은 보살일 게라고 그냥 짐작했다. 그런데 '스님…' 어쩌고 하는 휘근의 말소리가 내 귓전을 넘었다. 그녀의 뒷모습에서 풍기는 분위기가 스님이기에는 지나치게 곱다고 생각했으니, 내 세속의 눈은 미美와 도道를 애써 구별하고 있었던 것이다. 우리를 향해 어서 들어오라고 반기는 젊은 보살이 그 잿빛 차림의 여인에게서 밝은 목소리를 이끌어냈고, 그 소리에서는 호남의 말씨가 아주 옅게 묻어났다. 그가 깊숙이 눌러 썼던 모자를 벗은 다음에야 나는 그 고운 목소리의 주인공이 비구니 스님임을 알아차렸다.

열 평이 채 안 돼 보이는 목조 건물의 절반은 불교 서적, 다기, 간단한 불구 등이 차지하고, 나머지 공간에는 차를 마실 수 있도록 서너 개의 자연목으로 만든 차탁이 놓여 있었다. 어느 대목大木인지 알 수 없으나, 그는 이곳을 지으면서 다섯 평 공간의 한쪽 벽면 전체를 유리로 처리하는 기지를 발휘했다. 나는 그 넓은 유리벽을 앞에 두고 앉고 싶어서 안쪽 구석에 놓인 차탁을 골라 자리를 잡았다.

이제 막 겨울을 벗어난 능가산이 그림처럼 유리벽에 안으로 들어왔다. 내 옆에 서 있던 휘근은, 광각廣角 야시경夜視鏡을 눈에 대고 능가산 능선에 초점을 맞추던 나를 딱한 표정으로 내려다보다가, 불쑥 한마디 던졌다.

"홍 형, 그 쌍안경 언제 생겼우?"

시선은 쌍안경에 그대로 붙인 채 나는 "한 열흘쯤 됐나." 하고 건성으로 대답했다.

"새로 생긴 장난감일 줄 알았어. 어디 가든지 고놈부터 꺼내 드시더군."

변산반도를 한 바퀴 도는 여행 내내 쌍안경하고만 노는 내가 무척 못마땅했다는 투의 불평이 날아왔다. 미안한 생각이 들었다. 그래서 지지난주에 쌍안경을 산 얘기를 길게 늘어놓았다.

천문학을 공부하는 사람에게 쌍안경을 팔겠다고 연구실 문을 두드린 것을 보면, 그 상인이 내미는 물건이 자신 있게 팔 수 있는 제품일 거라고 우선 믿었지.

그런데 말야, 동북아천문학자대회가 1999년 중국 운남성에서 열

렸는데, 그때 한국에서 간 천문학자들이 값이 무척 싸다고 좋아하면
서 좌판에 널려 있던 쌍안경을 서둘러 거의 싹쓸이를 했겠다. 나도 하
나 살까 하고 망설였지만 그날따라 내 한 몸 옮기기도 버거워하는 늙
은 다리의 사정을 봐서 사치스런 생각일랑 냉큼 접었지. 그런데 얼마
후 러시아제製 운운하며 쏟아지는 한탄의 소리가 주위에서 들리더군.

중국에서의 이 기억이 되살아나 나는 얼른 그 상인의 물건이 러시
아제인지부터 조사했지. 독일제라는 게야. 가격을 물었지. 한 달에 만
원씩 열 달에 걸쳐 갚으라기에, "현금 일시불로 5만 원!" 하고 불렀다
가 "해도 너무하십니다." 소리를 듣는 수모를 당했지. 결국 현금 8만
원을 주고 사게 됐어.

그런데 독일제로 알고 산 쌍안경은, 독일 완제품이 아니었어. 상인
이 물건을 팔고 의기양양하게 내 연구실을 나간 다음, 나는 그 제품의
설명서를 꺼내 꼼꼼히 읽어 보았지. 독일인의 설계에 따라, 독일제 부
품을 조립해서 제조한 것이라는 거야. '독일'이란 원산지 '상표'에 그
냥 녹아 버리는 나 같은 얼간이들을 겨냥한 상술이 깨끗이 성공하는
순간이었어. 나는 속으로 씁쓸하긴 했지만 그렇다고 소리쳐 그이를
다시 부를 수도 없는 노릇이고…. 그래서 들고 나온 것이니 너무 나무
라지 마시오.

휘근의 눈빛이 금방 순해졌다.

"하긴 멀리 있어 흐릿하면 흐릿한 대로 그냥 즐기면 되는 건데, 쌍안경까지 동원해서 초점을 예리하게 맞추느라 애쓰는 내 꼴이 우습기는 하지?"

미안한 생각에 던져본 내 너스레에 휘근다운 대답이 휙 돌아왔다.

"홍 형의 그 얘기를 여기 해안선사의 「멋진 사람」 마지막 연聯으로 보태면 좋겠다."

고요한 달밤에 거문고를 안고 오는 벗이나
단소를 손에 쥐고 오는 친구가 있다면
구태여 줄을 골라 곡조를 아니 들어도 좋다.

밝은 새벽에 외로이 앉아 향을 사르고
산창으로 스며드는 솔바람을 듣는 사람이라면
구태여 불경을 아니 외워도 좋다

아침 일찍 세수한 물로 화분을 적시며
난초 잎 손질할 줄 아는 사람이라면
구태여 그림을 그리는 화가가 아니라도 좋다.

구름을 찾아가다가 바랑을 베개 하고

바위에서 한가히 잠든 스님을 보거든

아예 도道라는 속된 말을 묻지 않아도 좋다.

야점사양野店斜陽에 길 가다가

술을 사는 사람을 만나거든

어디로 가는 나그네인가

다정히 인사하고

아예 가고 오는 세상 시름일랑 묻지 않아도 좋다.

아내와 휘근이 자리를 잡자, 보살은 '요오 아래 절집'에서 특별히 발효시킨 차라면서 솔바람 차를 우리에게 권한다. 이 차는 차게 먹어야 한단다. 더운 차를 마시고 싶었지만, 성북동 이태준의 고가古家에서 마신 솔차를 생각하며 솔바람 냉차를 석 잔 주문했다. 차가 준비되는 동안 나는 유리창에 붙은 '솔바람 차' 네 글자를 감상하고 있었다. 바깥에서 한 번 읽고 들어왔으므로, 안에서 보는 '솔바람 차'가 뒤집어지긴 했어도, 훈민정음으로 된 '솔바람 차'가 한 자 한 자 제대로 읽혔다. 추사秋史 김정희金正喜의 「세한도歲寒圖」를 떠올렸다. 아니, 얼마 전에 읽은 유홍준의 『완당 평전』 속 한 구절을 기억에서 불러냈다.

"솔바람이 서늘하게 뼛속에 스며드니 시의 꿈은 언제고 이렇게 깨끗하구나."

'솔'자의 초성 'ㅅ'은 거의 'ㅏ'에 가깝도록 곧추세워 써서 소나무의 굵직한 줄기와 힘차게 뻗은 팔뚝 가지를 연상케 했는데, 중성 'ㅗ'는 중심을 적절히 잡아 아주 얌전하게 앉혔다. 아, 그런데 그 다음에 오는 종성 'ㄹ'은 멋지게 풀려 흐르는 우리의 춤사위였다.

차茶를 가져온 이에게 나는 유리창 차림표에 붙은 '솔바람 차'가 누구의 작품이냐고 물었다, 누가 썼느냐 묻지 않고. 그랬더니 저 주지 스님의 작품이라며, 우리 옆 진열장에서 판매용 다구를 정리하던 그 비구니 스님을 가리키는 것이 아닌가. 그런데 그 보살이 알려준 '주지住持 스님'이란 표현이 또 나를 의아하게 해서 물었더니 지장암의 주지라는 답이 왔다. '요오 아래 절집'이란 바로 그 지장암을 일컫는 것이었고, '솔바람 차' 네 글자는 물론이고 우리 셋이 마시던 솔바람 차도 그분의 작품이었던 것이다.

문득 내소사로 이르는 전나무 숲길이 끝날 즈음엔가 '지장암' 세 글자가 새겨진 오석烏石이 수줍은 듯 길옆에 비켜 서 있는 것이 기억났다. 키가 내 허리춤에 왔었지. 이제 생각하니 그 돌에는 세 가지 특기할 점이 있었다. 첫째, 잘 다듬어진 기하학적 모양의 석물이 아니고 자연의 멋을 그대로 살린 그냥 검은 돌이었다. 그 자연미 하나로도 여행객의 시선을 끌기에 충분했다. 둘째, 한문 '地藏庵'이 아니라 한글 '지장암'이었다. 예사스럽지 않았다. 아주 최근에 세워진 석물石物임이 틀림없었다. 셋째, 사용한 서체가, 여학생들이 제출하는 보고서에서 자주 본 적이 있는 한글 '가지체'에 가까웠다. 그랬구나. 그 검은 돌이 안내하는 절집이 비구니 암자였구나. 그곳에 저 스님이 계시구나. 그렇다면 가지체 '지장암' 석 자도 저분의 작품일 게고….

솔바람 차가 담겨온 찻잔은 절집의 넉넉함을 지니고 있었다. 그러나 그 안에 띄운 입방형의 얼음덩이가 솔바람 차의 맛과 운치를 반으로 줄여놓았다. 얼음덩이의 모습이 우리 집 냉동실 안에 있는 플라스틱 제빙 용기를 연상케 했기 때문이다.

천 원짜리 몇 장 내놓고 운치와 맛에 취향 맞춤까지 요구하는 나는 참으로 염치없는 작자였다. '솔바람 차'의 멋진 춤사위면 됐지, 그 이상 또 무엇을 더 요구한단 말인가. 나는 안다. 운치와 맛을 살릴 온갖 정성이 한 잔 차에 다 담겨 있었다 해도, 나는 또 트집거리를 찾아내고야 말았을 것을. 나라는 사람은 이 점에 있어서 구제 불능의 인물임을 나 자신이 누구보다 더 잘 알고 있었다.

스님의 진열장 정리는 대충 끝나가는 듯했고, 우리의 찻잔도 바닥을 드러내기 시작했다. 그리고 내 앞에는, 그날 달려야 할 밤길이 아직 멀리 펼쳐져 있었다. 얼른 일어나려는데, 나의 얼음 투정을 저 마음 착한 보살이 들었을 것만 같은 생각이 들었다. 나는 투정을 속죄하는 마음으로 선물용 서화 작품 몇 점을 팔아주기로 했다. 아내는 쇠귀 신영복의 「처음처럼」을 원했고, 휘근은 해안선사의 「멋진 사람」을 네덜란드까지 끌어안고 가겠다 했다.

찻집 보살이 내가 혼자 늘어놓은 얼음 불평을 귀담아들었음에 틀림이 없었다. 떠나는 우리에게 그녀가 "여기서 냉차를 마셨으니 내려가시다 지장암에 들러 '따끈한' 차를 맛보고 가시라."고 넌지시 일러주었다. 그러자 휘근의 능청이 주지 스님을 졸라대기 시작했다. 나는 스님의 작업실이 궁금했다. 휘근의 청을 못 이기는 척 따라나서는 스님을 모시고 우리는 내소사를 벗어나 지장암으로 향했다. 그 길은 왕벚나무가 늘어선 긴 터널이었다. 4월에 다시 오면 환상이겠구나.

벚나무 터널이 끝날 무렵, 조금 전에 내 시선을 잡았던 그 검은 돌이 다시 나를 반겼다. '지장암' 석 자를 눈여겨보았다. 날아오를 듯 경쾌한 터치의 세 글자가 오석 위를 달리고 있었다. 붓의 빠른 움직임을 나는 '갈필葛筆의 멋'이라 부르고 싶다. 하지만 석공의 솜씨에는 한계가 있게 마련. 정釘을 잡고 살아온 석공에게 '칡뿌리 붓의 섬유성 터치'란 생경한 체험일 수밖에 없으며, 오석의 경도硬度에 갈필의 멋을 입히기란 그에게 결코 쉽게 이룰 수 없는 도전이었을 것이다.

지장암은 신축의 깨끗함과 예藝의 멋을 숨기고 우리를 기다리고 있었다. 얕은 경사의 오르막이 끝나자 깨끗이 닦인 장독의 윤기가 우리를 반겼다. 아, 이게 내가 몇 년 만에 보는 오지항아리란 말인가. 곱고 부드러운 잔디가 꽃밭을 양옆에 두고 지난 가을의 따스함을 간직하고 있었다. 오는 봄을 기다리며 보도에 엎드려 있었다. 요사채로 가려면 그 잔디밭 길을 밟아야 했다. 양말을 벗어들고 '즈려밟아'야 할 잔디 위를 혁제 구두를 신은 채 걸어야 한다는 죄스러움에 나는 잠시 망설이지 않을 수 없었다. 그 망설임은 내가 잔디에게 보일 수 있는 최소한의 예의였다. 다섯 살쯤 먹은 듯한 누렁이가 느린 꼬리 놀림으로 주인을 반겼다. 그리고 그는 댓돌 아래에서 천천히 옆으로 자리를 비켜주었다. 그의 순한 눈빛에서 적의가 없음을 쉽게 읽을 수 있었다.

나는 댓돌의 정갈함에 또 한 번 주저하며, 신발에 묻은 흙을 애써 털어냈다. 우리보다 먼저 마루에 오른 스님의 안내를 받으면서 우리는 조심스레 댓돌에 오르고 마루를 거쳐 방으로 들어갔다. 그 방은 손님을 맞는 넓은 접견실이라는 생각이 우선 들었다. 두 제곱미터는 됨직한 널찍한 상이 그 방의 입구를 피해 옆으로 비켜 앉아 있었다. 상의 상판을 두꺼운 유리와 신문지가 덮고 있는 것으로 보아, 그 방은 접견실이면서 동시에 스님의 작업실인 듯싶었다.

찻물이 끓는 동안 우리는 방 안을 '훔쳐보는' 은밀한 긴장을 즐겼다. 벽 한쪽 구석에는 해안선사의 「멋진 사람」이 긴 족자로 걸려 있었고, 그쪽과 대각을 이루는 문간 편에는 통나무 위에 놓인 인두가 작은 장식품 구실을 톡톡히 해내고 있었다. 나는 인두를 만지작거리면서 돌아가신 지 35년이 넘은 나의 어머니와 당신이 쓰시던 숯불 화로를 떠올렸다.

이윽고 작은 차탁茶卓이 들어왔다. 우리는 스님을 마주한 채 부채꼴을 그리며 둘러앉았다. 이때부터 차도茶道에 대한 '혹독한' 교육이 시작됐다. 찻잔과 받침을 제대로 다룰 줄 모른다고 꾸지람을 듣고, 옆에 앉은 이의 잔에 차를 따라 주는 선의의 실수를 한다고 '야단'맞고, 비싼 차가 다도를 모르는 이들을 대하면 슬퍼한다는 '구박'을 받기도 했다. 제대로 된 것은 앉은 순서뿐. 그것도 소가 뒷걸음치다 쥐 잡은 격. 나는 야단惹端을 야단법석野壇法席(야외에서 크게 베푸는 설법의 자리)의 '야단野壇'으로 받아들이고 싶을 정도였으니, 그 짧은 시간에 대단한 밀도의 교육이 이루어진 셈이다. 내소사에서 찻집을 나설 때부터 이 스님께서 우리에게 목적한 바에는 확고한 데가 있었구나. 나는 속으로 중얼거렸다.

휘근은 스님께 출가의 시기를 물었다가 혼쭐이 났고, 나는 40년 넘은 천주학쟁이의 습관에 따라 '비구니 스님'께 '수녀님'이라는 호칭을 썼다가 큰 호통을 들었다. 휘근과 나는 그 후에 입을 열기가 두려웠다. 무지한 중생의 교화가 그분의 목적이 아니었다면, 우리 셋에게 차를 공양할 특별한 이유가 없지 않은가.

차茶의 도道를 지장암 주지 스님에게서 듣기 전까지 차는 내게 커피나 다름없었다. 매일 아침 아내는 부엌에서 커피 그라인더를 돌려 모터 소리에 콩 짜개지는 소리를 섞는다. 이 소리는 잠에서 덜 깬 내 청각에게 일어날 시간을 알리는 신호음이다. 이어서 침실까지 스며드는 커피의 짙은 향은 잠들었던 내 후각을 자극하여 피로에 지친 육신을 일으켜 세우는 발 빠른 전령이 된다. 반쯤 감긴 눈으로 식탁에 끌려나온 육신에게 마구 '부어 넣는' 액상의 커피는 그 안에 함유된 카페인의 농도만으로 인식된다. 커피는 내게 소리, 향, 맛으로 주어지는 육신의 선물일 뿐이다.

다도의 교육은 계속됐다. 그런데 차茶가 선禪이란다. 산본 우리 집 아파트에서의 커피가 육신에게 주어지는 선물이라면, 절집의 차는 무명을 깨쳐 무아無我의 도를 트게 하는 촉매였던 것이다.

어찌 나 같은 속인이 선다일여禪茶一如의 깊은 속뜻을 다 헤아릴 수 있으랴. 각성제로서 커피와 차가 갖는 기능은 크게 다르지 않을 것이다. 육신의 각성이 둘의 공통 기능이다. 그러나 육신의 각성을 통해 추구하는 목표에는 커피와 차 사이에 뛰어넘을 수 없는 간극이 놓여 있는 모양이다. 커피의 목적이 늘어지는 육신을 재촉해 빨리 출근길에 오르게 하는 데 있다면, 차는 마음의 눈을 열어 도처에 가득한 부처를 맞게 하는 데 그 목적이 있을 것이다.

손님은 일어설 때를 알아 처신해야 한다고 했지. 우리 셋은 이심전심으로 떠날 마음의 차비를 하고 있었고, 불러 주시면 현대 천문학이 찾아낸 하늘의 현재 모습을 지장암에 계신 스님들께 보여드리겠노라, 약속의 뜻으로 나는 내 연락처를 주지 스님께 남겼다. 그러고 나서 우리 셋은 서둘러 마루로 나와 댓돌에 놓인 신발을 찾았다.

대웅전에 들러 내 감사의 뜻을 불전함에 넣고 뜰로 내려서자, 저녁 해가 뉘엿뉘엿 서쪽 지평으로 기울고 있었고, 솔바람 차에 취했던 우리는 한나절 꿈에서 서서히 깨어나는 중이었으며, 우리를 향해 합장한 스님의 손끝은 벌써 한양 600리 길을 달리고 있었다.

2003년 3월 30일 능가산 내소사와 지장암을 다녀와서
홍승수

홍 선생님,

선생님 말씀대로 우리나라의 남도는 특별한 데가 있는 곳입니다. 저도 남도는 몇 차례 찾은 적이 있지만 변산반도는 근 30년 동안 가보지 못했습니다. 32년 전 대학에 들어가 여름방학에 무전여행을 한답시고 서해안 일대를 조금 돌아다닐 때 한 번 들른 것이 고작이지요. 변산반도가 이곳 부산에선 가장 먼 곳이라는 것이 한 이유가 될 수 있겠지만 여유 없는 삶 때문이라는 것이 보다 정직한 이유라 생각됩니다. 아름다운 남도의 또 한 자락을 선생님 덕분에 다시 가슴에 담게 되어 감사드립니다.

선생님의 글을 읽는 내내 즐거웠습니다. 내소사 정경이며 솔바람차의 '솔' 자가 뿜는 멋과 스님의 정갈한 모습이 함께 어우러져 눈에

그려지듯 전해져 옵니다. 어쩌면 실제 가서 느낄 수 있는 것보다 더 깊이 내소사를 느끼게 된 것인지도 모르겠습니다.

저는 주로 산을 찾는데, 산을 오가다 만나게 되는 절집을 우연히 들러 인연을 쌓을 때가 더러 있습니다. 몇 년 전 겨울 지리산 북쪽 중턱에 자리 잡은 도솔암에 들러 백운과 청송이란 법명을 가진 두 비구니 스님을 만난 적이 있습니다. 잠시의 만남이었지만 두 스님이 우리에게 던진 해맑은 미소를 우리 일행은 두고두고 잊을 수 없었습니다. 좋은 것, 아름다운 것을 보는 것은 그 자체로도 크나큰 행복이고 좋은 사람, 아름다운 사람과 함께할 수 있는 것은 더욱 큰 행복이라 생각됩니다. 저는 그런 점에서 복이 많은 사람입니다. 좋은 은사님들을 만났고, 학창 시절엔 좋은 친구들과 어울릴 수 있었고, 지금도 좋은 친구들과 함께하는 시간을 많이 가질 수 있으니까요.

선생님, 저는 이번 주말에 모처에 들어가서 12월 5일에야 나옵니다. 선생님의 좋은 말씀 그때 다시 듣도록 하겠습니다. 건강하게 지내십시오.

2004년 11월 19일 금정산록에서

안홍배 드림

배롱 따라 길 따라 사람 따라

땅은 정을 담아내고 길은 시간을 달린다

노년의 부부를 태운 자동차가 위리안치圍籬安置의 고장 고흥 내나로도에서 다리를 하나 건너더니 해창만 벌판으로 빨려 들어갑니다. 벌써 논의 색깔이 가을이 왔음을 얘기하고 있었습니다. 하지만 예년 가을에 만났던 그 곱던 때깔이 아니었습니다. 어떤 논은 아예 갈아엎어 버렸더라고요. 아무리 그래도 너무했다고, 우린 서로 동의했습니다. 제마음이 조금 우울해졌습니다. 쌍둥이 태풍의 심술이 그만큼 짓궂었습니다. 쌀알이 달려 있긴 한데, 지금쯤 단단히 익어 가고 있어야 하는데, 두 주 전 태풍이 이삭에 들어 있는 그 해말간 생명의 씨앗을 쏟아냈거든요. 남은 것이라도 살려야겠다는 농부의 마음이 분무기 통을 짊어지게 했나 봅니다. 창궐할 해충을 미리 막겠다는 생각에서 농약의 포물선을 이 논 저 논 위에 그리는 중이었습니다.

그 포물선을 저 멀리 배경으로 백로 한 마리가 소리 없이 내려앉습니다. 저 녀석들의 활강은 언제나 예술입니다. 사실 나는 백로의 비행을 물리적으로 설명하지 못합니다. 이곳 국립고흥청소년우주체험센터를 방문하는 청소년이 저걸 물어오면 어쩌나, 백로의 비행을 볼 때마다 전전긍긍입니다.

광양에서 목포까지 새로 뚫린 고속도로 10번을 타려던 애초의 계획을 바꿨습니다. 10번에서는 대서 벌판을 못 보지 싶었거든요. 동강에 못 미쳐 기수를 서쪽으로 돌리면서 벌교-녹동 간 고속화도로를 미련 없이 버렸습니다. 15, 27, 77번, 세 동군 길 가운데 15, 27번을 버린 것입니다. 77번을 타고 대서 벌판으로 들어가 조성으로 빠져나온 후 2번 국도를 목포 방향으로 올라탔습니다.

대서 벌판의 논들도 상황은 해창만과 다를 바 없었습니다. 여기저기 비닐하우스는 봉두난발의 폐허로 너부러졌고, 지붕이 '홀러덩' 벗겨진 간이 창고와 '홀라당' 날아간 집들도 보였습니다. 그래도 다행인 것은 그런 집들이 대부분은 폐가라는 사실입니다.

김구 선생 은거지隱居地를 길 건너 왼쪽에 멀리 두고 나는 송구스러운 마음으로 또 그냥 그 앞을 지나야 했습니다. 음악회가 다섯시에 시작된다는데 그때 시침이 세시를 훌쩍 넘기고 있었거든요. 꼭 한번 들어가서 선생의 영혼이 남긴 흔적을 내 숨결에 담아보고 싶습니다.

나는 순천과 보성을 가르는 가파르고 긴 고갯길을 베라크루즈의 크루징 기능에 의지해서 힘차게 달렸습니다. 이 녀석도 이젠 10만 킬로미터를 훌쩍 넘겨 생애의 후반으로 들고 있더라고요. 북미 대륙 횡단에다 서울-고흥 왕복을 몇 번이나 더 했던가.… 녀석이 참 고맙습니다. 바벨을 쓰다듬던 장미란의 손길이 생각났습니다. 나도 그 손길의 마음으로 내 베라크루즈를 쓰다듬고 있었습니다.

보성을 지날 때면 경희대의 문용재 교수가 생각납니다. 하루도 거르지 않고 벌써 10여 년째 성서 구절을 보내줍니다. 그것도 우리말과 영문을 짝을 지워서. 끝에는 짤막한 기도문이 따릅니다. 문 교수가 보성 출신입니다. 문 교수의 신심信心이 하도 특이하고 깊어서 문 교수의 부친을 뵙고 싶다고 얘기했더니, 문 교수의 형님이 운영하시는 여수 병원에 부자가 같이 들르셨다가 보성으로 돌아가던 중 이곳 국립고흥청소년우주체험센터를 일부러 방문해 주신 적이 있습니다.

문 교수가 센터 식구들에게 우주 기상 예보를 주제로 강연을 하는데 부친께서 강연장에 들어와 경청하셨습니다. 강연이 끝난 다음에 내가 여쭈었습니다. 아드님의 강의가 어떠했느냐고. "뭔 소리인지 하나도 모르겠는데, 내 아들이 훌륭한 일을 했음은 확인할 수 있었다."는 답이 돌아왔습니다. 평생을 초등학교 교사로 봉직하신 분입니다. 나는 오늘도 보성을 지나면서 문 교수 부친 생각에 마음이 푸근해졌습니다.

땅은 좌표만으로 기술될 수 없습니다. '사람의 정'이 묻어 있는 땅이라야 우린 거기서 마음 훈훈한 얘기를 듣습니다.

이제 장흥군에 들어왔습니다. 한양에서 천 리를 달려와 그동안 고흥 땅에 살면서 고향을 떠난 부초浮草의 삶이 어떤 것인지 어렴풋이 느끼게 됐습니다. 다산을 향한 내 연모의 정, 천문학의 꿈나무를 키운다는 자부심, 국록을 30년 넘게 먹고 살았으니 갚아야 한다는 의무감, 서울내기의 농촌을 향한 막연한 동경, 뭐 이런 것들에 홀려 여기로 내려오긴 했는데, 타향살이는 분명 타향살이였습니다.

아내는 백련사에 올라가기 전에 강진 재래시장에 들르자고 조릅니다. 아내의 조름에 내가 저항해 본 적이 없습니다. 시간이 부족해 난처하다는 심경을 입으론 표했지만, 머릿속에선 강진 재래시장부터 백련사까지의 거리를 따져봅니다. 도량道場은 고속화도로를 중앙에 두고 시장市場과 대치되는 곳에 있어야 제격이지 않은가.

바쁜군, 바빠.

나는 아내의 속셈을 알고 있습니다. 배추 모종을 사고 싶은 겁니다. 좋지, 이번 김장은 손수 재배한 배추로 하시겠다니. 나는 압니다. 강진 읍내 농협에서 비료를 사서 나의 애마 베라크루즈에 실어두고 싶은 겁니다. 비료는 거절했습니다. 비료 포대가 네다섯 시간 차 안에 있으면 그 냄새를 어찌합니까.

나는 나대로 다른 속셈이 있었습니다. 김영랑 시인의 생가에 들르고 싶었습니다. 20년 전쯤에 한 번 들른 적이 있는데, 그땐 내가 김 시인과의 훈훈한 대화를 나눌 준비가 덜 돼 있었습니다.

모종 파는 집을 찾는 중인데 생가 안내판이 언뜻 보였습니다. 거기부터 올라가기로 했습니다. 그런데 그사이 많이 달라져 있었습니다.

"오-매 단풍 들것네"

　장광에 골붙은 감닢 날러오아

　누이는 놀란 듯이 치어다보며

"오-매 단풍 들것네"

　추석이 내일모레 기둘니니

　바람이 자지어서 걱정이리

　누이의 마음아 나를 보아라

"오-매 단풍 들것네"

—김영랑, 「누이의 마음아 나를 보아라」(《시문학》창간호)

벌써 거의 사반세기 전이군요. 그땐 장독대에만 관심이 갔었습니다. 어인 일인지 그땐 돌담이 눈에 들어오지 않았습니다. 그런데 남도에 내려와 살면서 돌담에 반했습니다. 20여 년 전 영랑 생가를 돌아나오면서 구네군다 자매님이 낭송했던 「돌담에 속삭이는 햇살같이」바

로 그 구절이 최근에 내 마음을 잡고 있습니다. 돌담 때문입니다. 내나
로도 어디엘 가든, 해풍에 절은 삶의 땟국이 뿌옇게 쌓인 돌담이 있
습니다. 내 학창 시절 「돌담에 속삭이는 햇살같이」를 교과서에서 읽
던 당시 내게 돌담은 그저 돌담이었습니다. 정네모뿔의 화강암 블록
이 마름모의 얼굴을 하고 가지런히 박혀 있는 석축일 뿐이었습니다.
남도의 돌담을 보고서 내가 그때 왜 그렇게 무심했는지 뉘우쳤습니
다. 구네군다 자매님이 이 시를 프로답게 한마디도 틀리지 않고 낭송
하실 때도, 내 가슴에는 햇살만 내려 꽂혔지 돌담은 저만치 서 있었
습니다.

> 돌담에 소색이는 햇발가치
> 풀 아래 우슴 짓는 샘물가치
> 내 마음 고요히 고흔 봄길 우에
> 오날 하로 하날을 우러르고 십다
>
> 새악시 볼에 떠오는 붓그럼가치
> 시의 가슴을 살프시 젓는 물결가치
> 보드레한 에메랄드 얄게 흐르는
> 실비단 하날을 바라보고 십다
> ―김영랑, 「내 마음 고요히 고흔 봄길 우에」(《시문학》2호)

영랑의 생가에 있을 남도의 돌담이 보고 싶었습니다. 정말 있는지 확인하고 싶었습니다. 20여 년 전에는 장광만 찾았습니다. 과연 돌담이 거기 있었습니다. 차에서 내리지도 못한 채 돌담을 급히 내 눈에 담았습니다.

햇살 빗긴 돌담을 확인했으니 빨리 모종 가게를 찾아야 합니다. 재래시장 통으로 들어섰습니다. 첫 집에선 아내의 흥정이 틀어지는 눈치였습니다. 둘째 집에서 배추 모종 한 상자를 들고 나오는 아내를 태우고 나는 급히 만덕산을 향해 베라크루즈에 채찍을 들었습니다.

내 마음의 지도를 들여다봅니다. 강진 땅엔 '영랑-장광-구네군다-돌담-햇살'이 꽂혀 있습니다. 좌표가 땅을 얘기할 수는 없습니다. 땅은 사람의 가슴이며, 기억이며, 이야기입니다. 다음번 찾을 때는 '영랑-장광-구네군다-돌담-햇살'에 '수산나-배추 모종'이 더해질 터.

백련사에 드는 길 오른쪽 모퉁이에 누군가의 무덤이 있습니다. 25년도 더 된 옛날 어느 겨울날 그 무덤 앞에서 싸간 도시락을 열어 늦은 점심을 먹었던 기억이 새롭습니다.

하지만 시계가 이때 5시 5분을 가리키고 있었습니다. 지는 햇살에 동백이 번쩍였습니다. 아내가 동백나무 잎이 어쩌면 저렇게 기름 바른 듯 반짝이냐고 했습니다. 저녁 햇살에 빗긴 동백나무 잎이 동백기름 바른 여인의 머릿결이었습니다. 원래 우리 음악이 한바탕 노는 마

당이라는데, 조금 늦게 들어가면 어때, 하는 심경으로 지각의 죄책감
을 달랬습니다.

　백련사 경내에 드니 범종 소리가 그윽합니다. 그 소리가 참 아름답
고 착합니다. 고즈넉합니다, 포구의 정경이. 아, 그런데 배롱 꽃이 없습
니다. 저런! 우리 센터의 배롱이 태풍 볼라벤에게 잎과 꽃술을 다 잃
은 게 안타까워 예까지 너를 보러 왔는데, 너마저, 이럴 수가!

　산사음악회가 다섯시부터라고 산조 가락이 다섯시부터 울리는
건 아니었습니다. 만경루 가득 사람들이 좌정했는데, 일담 스님과 내
게 안면이 없는 젊은 스님 두 분이 저녁 예불을 시작하고 있었습니다.
범종 소리 멈추는가 싶더니 여연如然 스님이, 좀 속된 표현이지만 한껏
멋부린 옷차림으로 부처님 정면을 향해 섭니다. 용복 형, 여연 스님께
선 여전하시더라고요. 장삼의 소재가 모시라는 것에 내 거부감이 불
뚝 이는 겁니다. 내 이 몹쓸 버릇을 어찌하면 좋단 말인가. 대중이 엎
드려 절을 하는데 우리 부부는 두 손을 공손히 모으고 서 있어야 했
습니다.「반야심경」이 왜 그렇게 길게 느껴지던지.

　예불이 끝나자 곧 음악회가 시작됐습니다. 수인사가 한 차례 돌고,
연주자 송화자 선생과 그의 제자들에 대한 소개말이 이어지고, 여연
스님의 '너스레'가 분위기를 띄우고, 모두들 자리를 잡았습니다. 송
화자 선생을 포함해서 모두 일곱 연주자가 가야금을 잡고 일열 횡대
로 좌정합니다. 그 옆엔 한 남정네가 장구를 앞에 두고 앉습니다. 가

야금 너머 강진만灣이, 지는 햇살에 고요합니다. 포구는 말이 없는데 내 가슴이 왜 이렇게 벌렁거리는지. 강진만을 먼발치에 두고 배롱이 요염했더라면 내 귀에 가야금 소리는 들리지도 않았겠구나.

첫 곡이 황병기의 「침향무沈香舞」. 일담 스님이 오늘을 위해 특별히 사른다는 침향의 향기가 코끝을 간질이는데 열두 줄 타고 넘는 여인네들의 손길이 춤사위를 풀어놓습니다. 만경루 밖에서 백구白狗가 추임새를 넣을 뿐, 일곱 여인의 손놀림에 모두가 넋을 잃습니다. 「침향무」 악상엔 추임새가 비집고 들어갈 여백이 없습니다.

제자들을 물리치고 송 선생이 혼자 네 곡을 더 탔습니다. 한 곡은 노래와 같이 했습니다. 자신이 창꾼은 아니지만 못하는 노래라도 더 해 지루함을 몰아내겠다면서, 삼백예순다섯 날 밤도 모자라는 춘향과 몽룡의 사랑을 엿듣고 엿보게 했습니다. 마지막으로 살풀이를 조용하게 꾸며 보았다는 송 선생의 설명이 있고, 다섯 대의 가야금과 장구와 징이 더해진 악단이 풀어내는 살풀이 곡이 만경루를 가득 채웠습니다.

내게는 백련사 음악회가 이번이 두 번째입니다. 작년보다 분위기가 많이 차분해졌습니다. 진지해졌습니다. 우리 음악의 예술성이 돈 아닙니다. 남도에 와서 이런 사치를 즐길 수 있다는 데 감사했습니다.

연주가 끝나자 막걸리가 나옵니다. 미나리, 전어, 오징어회무침을 안주로 하는 만경루 막걸리 파티. 일담 스님이 안내했습니다. 송화자 선생이 자신의 연주를 담은 CD 100장을 보시하셨답니다. 잊지 말고 한 장씩 들고 가시라고. 그냥 가져가는 게 부담스러운 분은 복전함이 옆에 있으니 참고하시랍니다. 부처가 예수보다 한결 더 너그러우십니다. 우리 천주학쟁이 같았으면, 한 장에 15,000원입니다, 딱 부러지게 요구했을 터인데. 누군가 한 장을 집어다 아내에게 건넵니다. 나는 복전함으로 가서 몇 푼을 넣어 복을 짓고 그 복으로 한 장을 더 손에 넣었습니다. 누군가에게 꼭 전해 줘야지 싶었기 때문입니다.

막걸리가 한 순배 돌자 여연 스님이 자연과 인간의 합일에 대한 몇 마디 선언적 언급을 합니다. 그러곤 비빔밥이 준비돼 있으니, 공양을 들고들 가시랍니다. 나는 아내와 어찌할까 의논했습니다. 너무 폐를 많이 끼치는 듯했고, 또 이리저리 인사를 하며 좌정에 신경을 쓰게 되는 게 싫었습니다. 우린 그냥 달아나기로 했습니다. 내가 이렇게 졸부입니다.

만경루 댓돌을 내려서는데 일담 스님이 반가운 눈빛으로 우리 부부를 맞습니다. 멀리서 와 줘서 고맙다는 인사에, 나는 배롱을 잃은 슬픔을 얘기했습니다. 배롱이 배배 꼬이면서 성장하는데, 이번 태풍이 꼬인 반대 방향으로 배롱나무를 뒤틀듯이 때려서 가지가 많이 상했다는 겁니다. 가지를 여러 군데 잘라냈다고 합니다. 법당 옆에 서 있는 배롱은 가지가 꺾이지 않았는데, 만경루 앞 300년 된 늙은 노목의 피해가 눈에 띄게 컸습니다. 노목이란 소리에 나 자신을 돌아보았습니다. 이 노인도 마찬가지가 아니겠는가.

저녁을 어정쩡한 곳에서 전어구이로 해결하고 강진읍에서 10번 도로에 오를 셈으로 도로 표지판의 지시에 따라 옛 국도를 한동안 달렸습니다. 그러다가 결국 10번에 오르지 못하고 2번을 다시 타게 됐습니다. 일전에 비 오는 날 옛 국도에서 2번 도로로 오르느라 고생한 기억이 살아나서 길 찾는 데 어려움이 덜했습니다.

장흥에서 고흥을 거쳐 내나로도에 드는 장장 150킬로미터 귀로에서 나의 긴 침묵에 놀란 아내가 졸리지 않는지 자꾸 물었습니다. 나는 졸려서인지 황홀해선지, 내가 과거를 사는지 땅을 밟는지 시간을 달리는지 잘 모르는 심경이라고 답했습니다. 답 아닌 답에 시큰둥해 있는 아내에게 물통 마개나 열어 달라고 했죠.

이렇게 해서 밤 열시에 가까워 고흥 센터에 드니, 집무실 책상 위에 월요일까지 꼭 읽어야 할 문건들이 쌓여 있었습니다. 내일 읽지, 하고 숙소로 향하는 내 몸이 많이 무거웠습니다. 가지 잘린 노목 배롱 때문인가.

2012년 9월 9일 보들바다에서

홍승수 드림

승수 형,

그날 사 오신 배추 모종은 벌써 자라기 시작했는지요? 그 배추로 담그신 김치가 먹고 싶습니다! 늘 생각하는 것이지만, 승수 형은 천문학보다 글쓰기에 더 숨은 재주가 있는 게 아닌가 하는 생각이 듭니다.

마치 카우보이들이 말을 타고 끝없이 펼쳐진 평원을 달리듯, 베라크루즈를 어루만지며 달리신 형님의 2×150킬로미터의 강진 기행문은 정말 '정을 담은 땅과 시간을 멈추게 하는 길들'을 눈앞에 보이게 합니다. 두 개의 태풍이 연달아 지나간 들판의 아픈 풍경들, 돌담에 쌓여 있는 시詩, 재래시장에서 배추 모종을 흥정하시는 하얀 머리의 노부인, 산사에 울려 퍼지는 가야금 산조… 거기에다 전어 굽는 냄새까지 한꺼번에 느껴집니다!

저에게는 모두 그림 속의 풍경이지만, 어쩌면 그림 속 풍경이 형의 정취와 더불어 실제보다 더 실제에 가까운 게 아닌지 모르겠습니다.

두 분이 건강하게 즐겁게 여행하셨다니 저도 기쁩니다. 저는 아직도 책 속에서 헤매며 즐거워하고 있습니다. 저의 즐거움을 더해 주는 한 가지는, 며칠 전 가까운 농가에서 새로 추수한 옥수수를 사다가 삶아먹는 재미!

가을이 다가옵니다. 모두들 건강하시고, 늘 즐겁게 지내십시오.

2012년 9월 10일 네덜란드 단샘이에서
휘근 드림

————

휘근 형제,

소생의 백련사 음악회 보고문에 '과분한' 평을 해 주셨습니다. 이런 걸 두고 우린 '꿈보다 해몽이 좋다' 하지 않던가요.

금년 가을엔 전어가 풍어라, 지난 주일 녹동성당에서 미사하고 어항魚港 쪽으로 바로 나가 전어를 3만 원 어치 사 배를 갈라 달라고 해서 가지고 왔습니다. 열두 마리에 만 원 하는 걸 3만 원 어치 샀습니다. 나는 아내가 한 십만 원 어치 샀으면 했는데… 그냥 입을 다물고 옆에 서 있었습니다.

일부를 소금 묻혀 냉동고에 넣어 두고 나머지는 피클을 담근 모양입니다. 어제 대낮에 갑자기 통후추 사러 가자고 해서 아내와 점심시간에 고흥군 동일면 면소재지와 봉래면 나로항 근처를 다 뒤졌으나 내·외나로도 통틀어 통후추란 놈을 통 찾을 수 없었습니다. 공연히 아까운 점심 시간을 반 이상 허비하고 돌아와 서둘러 점심을 먹어야 했습니다. 마침 저녁녘에 고흥 읍내까지 나갈 일이 생겨서 마트엘 들렀더니, 거긴 통후추는 물론이고 피클 담그는 데 넣으면 좋다는 향신료 모둠을 병에 담아 파는 게 있었습니다. 나는 둘 다 들고 나왔습니다. 병 둘이 내 이 작은 손아귀 하나에 다 잡히는 데 거금 8,300원을 지불했습니다. 수입품이더라고요. 베트남에서 수입한 통후추를 고흥반도 구석에서, 아니 고흥반도의 '서울'에서는 구할 수 있는 겁니다. 요즘 우리네 세상살이가 다 이렇습니다.

내년 이른 봄에 오신다면 휘근 형제 몫으로 전어 한 마리 정도는 남겨 두겠소이다. 이번 겨울이 다 가기 전이라면, 나로도식 '하링 피클'을 단샘이 동네로 수입해 가실 수도 있을 터. 어쨌든 3만 원 어치를 다 먹어치우기 전에 날래 오시라요.

2012년 9월 11일 보들바다에서 드림

선생님께,

첨부해 주신 기행문+서간문을 읽지 못했다면, 이 가을을 빈한하게 지낼 뻔했습니다. 노쇠하시다는 푸념이 어울리지 않는, 여전히 풋풋한 감성과 섬세한 표현력을 지니고 계십니다. 문득 허만하 시인의 글이 떠오릅니다.

> 산다는 것은 낯선 것을 받아들여
> 낯설지 않은 친숙한 것으로 만들어 가는 과정이다.
> 낯선 것을 만나기 위하여 우리는 길 위에 선다.
>
> —허만하, 「풍경」

유리는 늘 선생님을 놀라워합니다. 어쩌면 그 연세에 그런 감성을 지니고 계시냐고. 또 어쩌면 늘 그토록 호기심과 탐구심이 강하시냐고. 허만하 시인의 표현처럼, "낯선 것을 만나는 삶"이 무척이나 자연스러우십니다.

저희가 내려갈 때쯤이면 사모님이 손수 재배해 담그신 김치는 맛보지 못하겠지만 나로도식 하링 피클은 하나씩 축낼 수 있을 거라 욕심을 부려 봅니다. 물론 감사의 뜻으로, 저희 집에서 잠자고 있는 안동소주 한 병이 고흥에 내려가 흥을 돋울 것입니다. 내내 강녕하십시오.

2012년 9월 12일 신공덕동에서

기호, 유리 드림

눈꽃열차 여행

시커먼 기름을 태우며 달리는 철마에게 '눈꽃'열차는 전혀 어울리지 않는 이름이었다. 그 때문인지 철마가 끌고 가는 객차의 내·외부는 일곱 살 소녀의 소꿉장난을 연상케 하는 알록달록한 색깔로 한껏 꽃단장이 되어 있었다. 그 수줍은 촌스러움이 내 입가에 웃음을 자아냈다. 그나마 객실 벽을 장식한 몇 편의 시가 내 시선을 끌었다. 흔들리는 열차에서 고개를 치켜들고 천장 가까이에 적힌 시를 읽기가 힘이 들었다. 시의 제목과 시인의 이름만이라도 기억해 두기 위해 '손 전화기'를 열어 카메라를 조작했다.

열차가 심하게 흔들리지만 매 회장과 알렉시오 형제는 신선神仙이나 되려는 듯 보따리에서 '이슬 병'을 꺼내 주거니 받거니를 즐긴다. 하늘에서 제일 가까운 마을을 향해 달리는 사람이니 가슴에 이슬이라도 부어 속세의 묵은 때를 씻어 내고 싶을 것이다. 언제나 그렇듯 여인들은 한쪽에 따로 앉아 수다 파티를 벌인다. 싸 가지고 온 주전부리가 수다의 동력인가 보다. 신품종 감귤, 약식藥食, 송이-능이 조림, 검정 깨엿, 피칸파이 등과 더불어 뜨거운 커피가 등장한다. 저쪽은 무색의 감춰진 독기를, 이쪽은 악마의 검정 눈물이 내뿜는 향을 즐긴다. 양쪽이 다 일상의 덤덤함에서 오는 마음의 통증을 완화하는 데 한몫을 하는가 보다.

제천을 출발한 철마가 단양, 풍기를 거쳐 영주까지 달리더니 영주에서 방향을 크게 틀었다. 오지娛地 중 오지라는 봉화, 전설적 춘양목 산지 춘양을 지나면서 주위 경관이 완전히 달라졌다. 철길 저 아래를 흐르는 물길을 데리고 밤낮으로 수많은 이야기를 아주 낮은 소리로 지절대는 초라한 역사驛舍들을 하나둘 빠르게 지나쳤다. 분천汾川, 양원兩院, 석포石浦, 승부承富 역에 잠깐씩 차례로 멈추던 철마가 종착역인 철암鐵岩에다 우리를 부려놓았다. 평균 75세인 노인 여섯이 제천을 출발한 지 2시간 50여 분, 거리로 따지자면 약 110킬로미터의 간극을 건너뛴 것이다. 철마를 몰고 온 승무원이 110여 분의 자유 시간을 주겠다면서 주위를 둘러보고 오란다.

연둣빛 눈꽃열차가 우리를 내려놓은 철암역 주변은 황량했다. 눈이라도 내리고 있었다면 좋았으련만…. 총 연장 고작 1킬로미터인 철암의 잿빛 거리는 관광객의 부푼 가슴에 꿈을 채워 주기엔 너무 초라했다. 난 사실 눈꽃열차 여행을 기획하면서 40여 년 전 사스페$^{Saas\ Fee}$에서의 기억을 더듬고 있었다. 스위스 산골 마을의 소박한 음식 맛과 그윽한 운치를 백두대간의 턱밑에서 다시 만나고 싶었다. 그러나 그건 이뤄질 수 없는 환상에 불과했다. 그럴 줄 알고 있었다. 실망은 하지 않기로 하고 떠나지 않았던가.

우리는 점심부터 해결하기로 했다. 5,000원짜리 한식 뷔페가 있었다. 그래도 지역 고유의 맛을 보고 싶어 2,000원을 추가로 투자하여 곤드레밥을 먹기로 했다. 곤드레는 막장 맛으로 먹는다는데, 7,000원은 전혀 아까운 가격이 아니었다. 내가 그리던 산골 음식의 운치가 없다는 점을 빼곤 실속이 꽉 찬 현명한 투자였다. 맛있게 먹었다. 너무 먹었다.

분천에서 철암에 이르는 철길 좌우의 산록과 계곡은 아름다운 자연을 품고 있었다. 분천, 양원, 석포, 승부 등은 승용차로 접근하기 어려운 지역이다. 그 덕에 개울물이 자신의 맑디맑음을 되찾게 됐다. 석탄이 우리네 가정의 난방 연료이던 시절 저 맑은 개울에 새까만 물이 흘렀다고 한다. 믿기지 않는다. 물소리야 그 당시나 지금이나 크게 다를 바 없겠지만, 나는 새까만 개울이 쏟아내는 물소리는 듣고 싶지 않았을 것이다.

그런데 종착지인 철암은 석탄같이 어두운 과거를 껴안은 채 신음하고 있었다. 철암의 볼거리를 내 눈에 주워담는 데 두 시간의 여백은 너무 길었다. 옛 다방과 술집과 당구장 등의 내부를 설치미술의 장으로 활용하여 관광객을 끌어들이고 있었다. 전시된 작품이, 과거를 모르는 오늘의 젊은이들에게 과거를 알려줄 수준과 내용이 아닌 건 물론이고, 과거를 알거나 경험한 우리네 늙다리들에게는 그 과거를 현재로 옮겨다 주지도 못했다. 참여한 작가들이 너무 젊었기 때문일 것이다. 급조된 흔적이 작품 곳곳에 역력했다. 그건 작품이 아니었다. 관청이 앞장서서 해놓은 소위 아무개 장長님의 '빛나는 치적'일 뿐이었다.

그나마 나는 이미 세상을 떠난 사진작가들의 기록 사진 몇 점 앞에 잠깐 멈춰 설 수 있었다. 석탄 가루로 '분장'을 하고 형형한 눈빛으로만 각자의 개성을 드러내 보인 저들은 지금 다 어디로 가고 없는 걸까. 한때 태백, 도계, 사북 일대의 돈이 다 모여 넘쳐 흘렀다는 철암이 아니던가. 양쪽 산비탈에 게딱지같이 붙어 있었던 판잣집은 이제 흔적조차 찾아볼 수 없다. 갱목으로 쓰느라 나무란 나무는 말끔하게 베어낸 비탈에 붙어 있던 게딱지의 기억은 이제 소설에서나 만날 수 있다. 일과가 끝나면 만 명이 넘는 광부들이 줄지어 내려왔다는 저 산비탈에서, 오늘 나는 잘 자란 소나무와 낙엽송을 마주할 뿐이다.

그 많던 사람들이 다 어딜 갔느냐 말이다. 아즈텍 문명의 혈거지에서 흔적도 없이 사라진 한때 수많았던 인총人叢들을 기억했다. 그럴 수도 있겠다는 긍정의 주억거림이 이어졌다. 이게 생명의 생명다움이 아닐까. 먹을 게 있는 한 남아 있는 것이다. 먹을 게 사라지면 생명은 사라진다. 나는 철암이 품은 흑색 폐허의 기억 속에서 생명의 속성을 마주하고 있었다. 그건 어쩌면 매우 우울한 만남인지 모르겠다. 이 우울을 경험하기 위해 내가 이곳을 찾아온 건 아니었다. 생각을 고쳐 먹자. 암흑의 기억일랑 빨리 지워 버리자.

주어진 110여 분을 담보했던 모래시계의 끝이 보이기 시작했다. 서둘러 역사로 돌아와 15시 48분 철암을 떠나 16시 48분 분천에 도착한다는 빨간 협곡열차에 올라탔다. 내부가 아직 철 지난 성탄 장식으로 꾸며져 있었다. 톱밥가루를 빚어 만든 탄^wood brick을 연료로 사용하는 철제 난로의 고전미가 내 기분을 살짝 살려줬다. 열효율 만점이다. 사방을 유리로 마감해서 승객이 바깥 자연과 쉽게 교감할 수 있는 구조였다. 고마웠다. 승무원의 판박이 해설이 식상하긴 했지만, 철길 저 아래 얼음장 밑으로 흐르는 물소리는 청량했다. 군데군데 얼음장이 열린 곳마다 살짝 얼굴을 내밀고 여울을 이루는 물은 소리뿐 아니라 그 색깔도 매우 맑았다. 승용차의 접근이 쉽게 허락되지 않은 덕택이라고 하면서, 우리는 기차의 고마움을 새삼 실감했다.

양원에서 5분, 승부에서 10분이 주어졌다. 지방 특산물을 구입할 수 있을까 해서 잰걸음으로 내려갔지만 뭐 딱히 손이 끌리는 것이 없었다. 있었다면 좌판을 열고 앉아 있는 노파들의 깊이 주름진 얼굴에 새겨진 신산한 삶의 기록뿐이었다. 하지만 그 신산함은 행복의 원천이기도 했을 것이다. 그렇지 않았다면 저 노파들의 얼굴에 어찌 만족의 미소가 저렇게 번질 수 있겠는가.

분천에서 우린 다시 검은 철마가 끄는 연둣빛 객차에 올랐다. 17시 9분 분천 출발, 19시 11분 제천 도착을 목표로 달리는 기차에 앉아서 나는 하루를 복기하고 싶었다. 춘양을 지날 즈음 창밖 세상이 어두워지기 시작하더니 봉화에 닿았을 때는 먼 건물들의 봉창을 밝힌 전등 불빛만이 시간의 흐름을 일깨워 주었다. 나는 한동안 멈췄던 '예수 그리스도여, 이 죄인을 불쌍히 여기소서!'에 내 의식을 다시 이으면서 노트북을 열었다. 하지만 복기가 쉽게 이뤄지지는 않았다. 기차가 너무 흔들렸다.

이번에는 '이슬'이 아니었다. 매 회장과 김 형제가 즐기는 '대추 삶은 물빛의 액체'가 내뿜는 짙은 향이 내 결심을 시험하고 있었다. 나는 소주는 별로 즐기지 않는다. 어쩐 연유에서인지 내 몸이 소주를 받아주지 않기 때문이다. 배갈이 소주보다 낫다. 그리고 위스키의 유혹엔 언제나 약하다. 저 냄새가 나를 못 견디게 한다. 아내는 나더러 후각이 발달된 견공의 후예라고 놀린다. 커피도 전적으로 냄새 때문에 마신다. 일전에 아내 앞에서 앞으로 알코올은 한 방울도 마시지 않겠다고 한 약속을 되새기려 애썼다. 마음에 갈등이 심하게 일었다.

'주 예수 그리스도여, 이 죄인을 불쌍히 여기소서!'

나는 결국 시험에 들지 않을 수 있었다. 노트북을 닫아 배낭에 넣고 눈을 감았다.

'예수여, 당신 연민의 정을 저와 아내 수산나에게 나누어 주소서.'

기도가 계속되던 중에 열차가 제천역으로 들어서고 있었다. 19시 11분이었다. 10시 15분에 함허재를 떠난 지 아홉 시간이 되는 시점, 우리 여섯 명의 지친 노구가 베라크루즈(나의 SUV)에 의지하여 마산 복집으로 이동하기 시작했다.

여성은 매운 복어찜, 남성은 맑은 복어국을 주문해 즐기면서 다음 여행을 구상했다. 오는 5월에 다시 당일 코스의 열차 여행을 하자고 했다. 더 늙기 전 이 나라 산천의 연둣빛 향연에 한번 푹 빠져 보자는 것이다. 그때는 이 열차에 어떤 이름이 붙어 있을까. '봄나들이 열차' 일까. 나는 10월 초쯤 분천-철암을 다시 달리고 싶다. 누가 뭐라고 이름을 붙이든 상관없다. 그건 내게 그냥 '단풍 열차'일 것이다.

나는 빨간 협곡열차를 타고 오면서 매 회장의 이십대 중반 태백에서의 무용담을 들을 수 있었다. 태백에서 광부들에게 지불할 돈을 찾으러 철암으로 왔을 때가 4.19가 일어난 바로 그해였다고 했다. 그러니까 매 회장에게는 이번 여행이 60여 년 만에 찾아온 철암행이었던 것이다.

우린 길지 않은 인생을 살면서 만나야 할 사람은 꼭 만나게 되고, 가 봐야 할 곳은 반드시 가보게 되는가 보다. 하늘의 섭리다.

2017년 1월 20일 세명대 퀴즈노스에서

뒤로 보이는 빨간 열차가 철암에서 분천까지 우리를 태워다 준 '협곡열차'이다. 계곡에 가로로 걸쳐 있는 빨간 다리가 애교 만점이다. 얼굴에 드리운 우수가 내가 환자임을 입증하는 듯하다. 인정하자, 인정해!

어느
천문학자가
말하기를

모든 신념을 차례차례로 다 잃어 버린 생활 같은
지옥은 없을 것이다. 무엇이든 신념을 가지고 살고 싶다.
지극히 희미한 일, 지극히 작은 일이라도 좋으니
거기 신념을 가지고 꾸준히 걸어가고 싶다.

— 김기림

절제, 현대인의 미덕

북미 대륙 횡단의 종착지에서

2008년 한여름이었다. 미국의 동쪽 끄트머리인 매사추세츠 주 케임브리지에서 출발해 장장 8,500킬로미터를 줄기차게 달려 보름 만에 캘리포니아 남부의 작은 도시 리버사이드에 도착한 게 8월 하순. 주위 경관이 '초콜릿' 일색인 이곳에서 내 지친 육신에게 긴한 휴식을 48시간쯤 허락하고 났더니 역마살이 다시 발동했다. 더 쉬겠다는 아내를 유혹하여 무작정 I-710번 고속도로에 올랐다. 리버사이드를 출발한 지 반 시간쯤 됐을까, 초콜릿 황무지에 거대한 '흰 잠자리' 무리가 질서정연했다. 줄잡아 3,000~4,000기의 풍력 발전기가 샌고고니오 큰골San Gorgonio Pass을 통과하는 거센 숨결의 바람에 온몸을 내맡긴 채 바람이 하자는 대로 머리를 살랑대며 세 엽 날개를 경쾌하게 돌린다. 지루할 수밖에 없는 진갈색의 무미건조함을 배경으로 순백의 행렬이 끝없이 펼쳐진다. 한마디로 장관이었다.

나는 사열을 받는 군단장이라도 된 듯, 줄 맞춰 늘어선 바람개비 사이를 서에서 동으로 시원하게 달렸다. 하지만 곧 머릿속이 복잡해졌다. 미국에서 하천의 이용 및 관리에 관한 법이 가장 잘 발달된 지역이 남서부에 몰려 있다는 얘기를 어디에선가 읽은 적이 있다. 캘리포니아 주 남부, 네바다, 애리조나, 뉴멕시코, 텍사스 주들이 하천 관리법으로 유명한 것은 모두 물이 귀한 지역이기 때문이다. 바람의 이용 및 관리에 관한 법으로도 이 지역이 유명해질 거라는 생각이 번뜩 들었다.

"윗동네 너희가 바람의 숨결을 다 죽여 놓으면, 아랫동네에 사는 우리는 물마저 없는데 무엇으로 어떻게 전기를 생산하란 말이냐!"

위아래 동네 사이에서 뭐 이런 식의 시비가 일지 말라는 법도 없지 않겠는가. 으레 그랬듯이 아내는 내 상상이 터무니없다는 듯 '피식' 웃음으로 반응한다. 하지만 나는 바람의 '바람기'가 태양의 '충동질'이라는 사실에 생각이 미치자, 지구상에서 인간이 소비하는 에너지가 도대체 얼마나 되는지 알고 싶었다. 인간의 에너지 소비량을 태양의 복사 에너지와 비교해 가늠키로 했다.

비교의 대상이 왜 하필 태양인가. 화석 에너지 사용은 곶감 꼬치

에서 곶감 빼먹는 격이다. 여태껏 인류는 '과거를 파먹고' 살아온 셈
이다. 화석 에너지는 매장량을 더 이상 늘릴 수 없는 고정 자산이다.
과거 파먹기는 핵 에너지의 경우도 다를 바 없다. 에너지의 실시간 수
입 측면에서 본다면, 지구가 기대를 걸 수 있는 것은 태양 빛뿐이다.
우리가 태양 에너지에 각별한 관심을 가질 수밖에 없는 이유다.

　나는 태양 빛이 청정 에너지이기 때문이라기보다 태양이 행성 지
구의 유일한 에너지 수입원收入源이기에 태양에 각별한 관심을 갖는
다. 풍력 발전기를 돌리는 저 바람의 힘도 따지고 보면 태양에서 얻은
것이다. 지구에 에너지를 실시간 직접 공급할 수 있는 원천이 태양밖
에 없다는 사실에 주목하면, 태양을 비교의 대상으로 삼아야 할 이
유는 충분하다.

지구, 인구 120억의 요람

인구학에서는 지구의 최대 수용 가능 인구를 120억 명으로 추산한
다. 인류가 이 정도의 인구까지는 행성 지구에서 비교적 안락한 삶을
영위할 수 있다는 얘기다. 유엔의 추산에 따르면 2015년 현재 세계 인
구는 73억 4900만 명이다(http://en.wikipedia.org/wiki/World_population). 120
억이라면 현재 인구의 약 1.7배에 가까운 수준이다. 유엔이 1800년부

터 2100년까지 세계 인구의 변화를 모형 분석에 사용한 가정에 따라 세 가지로 나누어 추산한 그래프에 따르면, 세계 인구는 2055년경에 약 85억을 정점으로 감소할 수도 있고, 현재 이후 증가세가 서서히 둔화되어 2100년경에 약 110억에 이를 수도 있고, 최근 50여 년간의 증가세가 지속되어 2060년쯤 120억이 넘을 수도 있다.

바다가 지구 표면의 3분의 2를 차지한다. 나머지 3분의 1인 땅에 120억 명이 고르게 분포해 산다면 한 사람이 평균 120m×120m의 면적을 차지할 수 있다. 하지만 40여 년 후라 하더라도 사람들은 추운 극지방, 뜨거운 사막, 숲이 짙게 우거진 밀림과 늪지, 그리고 높고 험악한 산악지 등에서는 편안한 삶을 유지하기 어려울 것이다. 태양광 에너지의 실시간 현지 공급을 '안락한 삶'의 전제로 한다면, 한 사람이 실제로 활용할 수 있는 면적은 앞에서 얘기한 120m×120m의 5퍼센트를 크게 넘지 않을 것이다. 그러면 1인당 평균 가용 면적은 대략 30m×24m(약 220평)가 되는 셈이다.

참고 삼아 220평당 1명을 인구 밀도로 환산하면 제곱킬로미터 (km²)당 1,400명에 해당한다. 2015년 현재 서울의 인구 밀도가 약 17,000명/km²이다. OECD 국가 중 단연 최고다. 이는 뉴욕 시(약 10,500명/km², 2015년)나 도쿄(6,158명/km², 2015년)보다 월등히 높다. 그렇다면 30m×24m당 1명꼴은, 서울시 서초구 내곡동(1,478명/km², 2015년)과 비슷한 형편이다. 이것을 보면 앞에서 채택한 5퍼센트는 지구의 상황을 과소평가한 게 아니다. 중국만 보더라도 해안을 따라 좁고 긴 지역에 사람들이 몰려 살고 있지 않은가. 북미 대륙을 횡단하면서 미국에도 불모의 땅이 엄청나게 많다는 데 놀랐다.

최근에 국립기상연구소가 우리나라의 태양광 자원 지도를 발표했다. 전국에서 태양광이 가장 풍부하다는 경상남도 남해안 지역에서 $1m^2$의 면적이 1년 동안 받는 태양 복사 에너지가 5200MJ인 것으로 측정됐다(http://www.kma.go.kr/weather/climate/solar_energy.jsp). 태양 복사 에너지의 지상 유입률이 $5200MJ/m^2/year$이란 뜻이다. 이 값은 여러 해 동안 측정한 결과를 평균한 것이라고 한다. 한편 지구 대기의 상층 $1m^2$에 떨어지는 태양 복사 에너지의 유입률은 이 값의 약 8배인 $43,000MJ/m^2/year$이다. 태양의 광도와 태양-지구 사이의 거리를 고려해서 계산한 결과이다. 이 중에서 35퍼센트 정도가 반사돼서 다시 우주 공간으로 나가고, 또 일부는 지표에 도달하기 전에 대기에 흡수되며, 위도에 따라 태양광의 입사각이 다르다. 또한 지구의 태양 반대쪽, 즉 밤인 지역은 햇빛을 받을 수 없고, 계절과 기후에 따른 일조량의 변화 등을 고려한다면, 앞에서 얘기한 태양 복사 에너지의 유입률 차이 8배는 쉽게 설명될 수 있다.

경상남도 남해안 지역에서 $30m \times 24m$의 면적이 1초간 받는 태양 복사 에너지, 즉 초당 유입률을 계산해 보면 대략 120킬로와트(kW)가 된다. 어려운 계산을 한 것이 아니다. 태양 복사 에너지의 지상 유입률

5200MJ/m^2/year에 면적 30m×24m을 곱하고 1년을 3.1536×10^{7}초로 바꿔 줬을 뿐이다.

　하늘은 우리가 안락하게 살라고 각자에게 약 220평의 땅을 '하사' 하시고, 그 땅에 초당 약 120kW의 에너지를 거저 퍼부어 주신다. 그렇다면 하늘이 허락한 이만큼의 에너지로 각자가 충분히 살아갈 수 있는지 알고 싶다. 땅 220평이 인간에게 영원한 요람이 될 수 있는지 여부는 각자가 하늘이 허락한 이 무상의 에너지를 어떻게 쓰느냐에 달려 있을 것이다. 어디 한번 따져보자.

소비, 과연 미덕인가

오늘이 토요일이어서 내 연구실에 난방이 제대로 되지 않는다. 추운 연구실에서 글을 쓰자니 분심이 인다. 그렇지 않아도 잘 써지지 않는 원고인데 실내 온도마저 내 사고의 흐름을 방해한다. 그때 바로 옆에 전기난로가 보이는 게 아닌가. 하지만 전기가 비싼 에너지라는 생각에, 스위치를 향해 달려가던 내 손이 약간 주춤한다. 결국엔 1kW 용량의 낡은 전기난로에 전원을 연결하고 만다. 그러고 나서 한 10분쯤 지나니 실내가 견딜 만해진다. 전기 덕에 추위의 분심에서 해방된 것이다.

아, 하늘은 정말 너그러우시구나. 내게 당장 필요한 1kW의 무려 120배나 되는 120kW라는 엄청난 양의 에너지를 공짜로 다 내게 주시니 말이다. 전원을 연결하려다 주저했던 나의 좀스러움이 이제 무색해진다. 둘러보니 전기난로뿐이 아니다. 내가 지금 자판을 두드리고 있는 노트북 컴퓨터, 그 옆에 켜 놓은 화면 넓은 보조 모니터, 천장에 붙어 있는 형광등 네 개가 모두 전기를 먹고 있다. 카치니Giulio Caccini의 「아베 마리아Ave Maria」가 흘러나오는 티볼리 오디오의 앙증맞은 모습도 눈에 띈다. 티볼리, 너마저도 전기를 먹는구나. 하지만 이들의 전기 사용량을 다 합쳐도 1kW를 넘지 않을 터. 그렇다면 내 연구실의 전기 사용량은 1kW+1kW=2kW이고 120kW는 이것의 무려 60배가 아닌가. 그렇다면 좀 더 흥청거려도 되겠네! 정말 그래도 좋을까? 아니다, 따져봐야 할 게 더 남아 있다.

지구인 1명당 평균 에너지 소비량을 1980년부터 2005년까지 추적한 결과를 보자(http://www.eia.doe.gov/oiaf/ieo/world.html). 한 나라가 사용하는 1차 에너지의 총 소비량을 인구로 나누어 kW 단위로 표시한 자료를 보면 한국, 중국, 미국, 세 나라의 1인당 평균 에너지 소비량 변화를 한눈에 파악할 수 있다. 여기서 말하는 에너지에는 내가 오늘 아침 연구실로 오는 데 소비한 휘발유, 어젯밤에 자면서 난방하느라 불사른 경유, 저 멀리 포항체철의 용광로에 들어가고 있는 엄청난 양의 에너지, 국회의사당과 청와대의 내부 조명에 쓰인 전기 에너지 등이 모두 다 포함돼 있을 것이다. 이 모두가 한 사람이 '안락한 삶'을 유지하는 데 필요한 에너지다.

자료에 따르면, 미국인들의 '흥청망청'은 그 도가 세계 평균을 훌쩍 넘어 다섯 배나 된다. 우리나라도 최근 세계 평균의 2.5배를 넘어섰고 증가세로 보면 단연 선두급이다. 인구가 많은 중국은 세계 평균의 3분의 2에 불과하지만 근래에 급격히 증가해 왔고 국가 전체의 에너지 소비량으로 보면 2010년에 이미 미국을 제치고 세계 1위로 올라섰다. 이런 사정은 2015년에 에너지 소비량 4위를 차지한 인도도 마찬가지다.

2005년 통계를 보면 미국인 한 명의 평균 에너지 소비량은 11.5kW이다. 세계 인구가 120억에 이르게 될 2070년경이면 이 값이 20kW로 증가할 것으로 예상된다. 오늘날 지구에서 가장 떵떵거리며 산다는 미국을 벤치마킹할 필요는 없지만, 세월이 흐를수록 씀씀이가 넉넉해지기를 바라는 것은 우리 모두의 소망이니, 오늘 미국인의 삶을 '안락한 삶'의 한 잣대로 삼아도 좋을 것이다. 그렇다면 태양이 실시간 우리에게 공급해 주는 에너지는 우리가 필요한 양의 60배가 아니라 6배에 불과하다는 계산이 나온다.

아, 겨우 6배! 정신이 번쩍 든다. 필요한 양의 6배라고 느긋해질 수 없는 이유가 너무 많기 때문이다. 내 땅 220평 위에 쏟아지는 햇빛을 모두 모아도 빛 그 자체로는 내 컴퓨터를 한순간도 돌릴 수 없다. 물론

자동차도 움직일 수 없다. 빛에서 어떻게든 전기를 만들어내야 하는 것이다. 그래서 태양 전지가 반드시 필요하다.

　오늘날 카드뮴 텔루라이드^{CdTe} 소재의 태양 전지가 널리 쓰인다. CdTe 전지가 빛을 전기로 변환할 수 있는 효율은 겨우 12~18퍼센트 수준이다. 과학자들은, 앞으로 특단의 조치를 강구하면 이 효율을 42퍼센트까지 끌어올릴 수 있다고 주장한다(http://en.wikipedia.org/wiki/Photovoltaics). 최고 성능의 태양 전지를 이용하면 태양 복사 에너지 120kW에서 최대 50kW의 전기를 끌어낼 수 있다는 얘기다. 필요한 20kW의 2.5배가 되는 양이다. 그렇지만 좋아할 형편이 못 된다. 태양 전지판의 수명을 대개 20~30년으로 잡는다. 태양 전지판을 만드는 데 들어가는 에너지를 태양광에서 뽑아내기까지 걸리는 시간이 약 2년이다. 그러므로 거의 10퍼센트에 이르는 효율 손실을 계상해야 한다. 아무리 현지 실시간 공급이라 해도 송전 과정에서 생기는 손실 7~8퍼센트도 각오해야 한다. 동력 장치로 전동기를 이용하려면 태양 전지에서 나오는 직류를 교류로 바꿔야 하는데, 이 과정에서도 적지 않은 손실이 따른다. 열기관의 효율도 문제다. 어디 그뿐이겠는가. 에너지는 한밤중에도 필요하므로 낮에 만든 전기를 축전지에 잘 담아 둬야 밤에 쓸 수 있다. 이 과정에서 생기는 손실도 감수해야 한다. 결국 220평 전체를 태양 전지판으로 뒤덮어도 필요한 20kW를 다 얻어 낼 수 있을까 말까 하다.

인류가 소비하는 에너지를 실시간으로 현지에서 직접 조달하기란, 태양에게도 버거운 과업이다. 우리가 참으로 엄청나게 써대고 있는 것이다. 그렇다면 태양마저 허덕여야 하는 이 현실에서 우리가 배워야 교훈은 무엇인가. 우리의 과도한 소비 성향에 대하여 자연이 울리는 경종의 메시지를 읽을 줄 알아야 할 것이다. 소비는 절대 미덕이 아니다.

재생 에너지의 허와 실

실시간으로 계속 공급받을 수 있는 에너지의 원천이라는 의미에서 나는 태양광, 풍력, 조석력, 지구 내부열 등을 재생 에너지라 부르고 싶다. 이 중에서 태양 에너지가 가장 청정하고 풍부할 뿐 아니라 풍력의 근원이기도 하다. 태양 에너지의 경우에서 확인된 바와 같이 그 어느 재생 에너지원으로도 인류 문명에 필요한 양을 전부 해결할 수 없다. 그렇다고 내가 여기서 재생 에너지의 무용성을 주장하려는 것은 아니다. 태양 에너지 활용으로 인류의 화석 에너지 의존도를 분명히 낮출 수 있다. 풍력과 조력의 활용도 마찬가지다. 하지만 우리가 여기서 읽어내야 할 메시지는, 현대인의 소비 행태에 대한 반성이다.

태양 에너지 얘기를 좀 더 해야겠다. 과학자의 노력으로 위에서 열

거한 온갖 요인의 손실을 어느 정도 줄일 수 있다 하더라도, 한 사람에게 주어진 220평의 적어도 절반에 태양 전지판을 깔아 놓아야 '안락한 삶'에 필요한 에너지를 태양광에서 전기의 형태로 겨우 뽑아 쓸수 있을 것이다. 그렇다면 내가 좋아하는 상추와 쑥갓은 어디에다 키울 것이며, 김장 배추와 무는 어디에 갈아야 하는가. 소와 양을 먹여키울 초지는 또 어떻게 확보한단 말인가.

　'안락한 삶'의 질을 한 단계 희생할 각오를 하고 태양 전지판을 바다나 사막으로 옮겨 가면 문제가 해결될 수 있다고 누가 믿거나 주장한다면, 그건 앞에서 얘기한 경종의 메시지를 제대로 읽지 못한 소치일 것이다. 바다 속에도 태양 빛을 '고파하는' 생명이 우글거린다. 바다의 표면을 온통 전지판으로 덮어 태양광의 바다 유입을 차단해 보라, 어떤 일이 생기겠는가. 일부 어류의 멸종은 불을 보듯 뻔하고, 수온 변화로 해류 이동에 큰 변화가 생겨 또 다른 형태의 '엘니뇨'가 인류의 생존을 위협할 것이다. 태양 전지판을 이용하여 사막에 쏟아지는 햇빛을 사람이 모조리 가로챈다면, 그 지역의 기온이 낮아지면서 대기 흐름에 큰 변화가 초래될 것이다. 우리는 한동안 '사막은 살아있다'고 노래하지 않았던가. 거기에도 햇빛 덕분에 생을 이어가는 생명이 출렁인다. 태양 전지판이 사막을 점령하게 되면, 그때 우리는 '사막마저 다 죽었다'고 슬픈 노래를 불러야 할 것이다.

　과학과 기술의 위력이 아무리 대단하다 해도, 과학자와 기술자가 무슨 재간으로 태양의 광도를 조절할 수 있고 또 어떻게 지구의 덩치를 단 한 치라도 더 키울 수 있겠는가. 과학과 기술이 산업 활동과 우리 일상에서의 에너지 이용 효율을 높여줄 수는 있겠지만 인류가 행성 지구에 붙어사는 한 지구의 생래적生來的 한계는 뛰어넘을 수 없는 높은 벽으로 엄존할 것이다.

그러므로 해결의 실마리는 절제에서 찾아야 한다. 현대인이 추구해야 할 삶의 미덕은 소비가 아니라 절제이다. 절제, 이것은 하늘이 인간에게 내리는 명령이다.

한 발짝 뒤로 물러서서

태양 에너지에 걸었던 나의 희망이 통째로 무너졌다. 행성 지구에 주어진 자연의 '경계 조건'이 의외로 냉혹하다. 아무리 냉혹해도 이건 우리가 수용해야 할 현실이니 어찌하겠는가. 이제 한 발짝 물러서서 우리 자신을 돌아볼 차례다.

하느님이 아브라함과 맺었다는 약속은 애당초 지켜지기 어려운 약속이었다. "너의 후손이 하늘의 별과 바닷가의 모래같이 불어나게 하리라."는 그 약속 말이다. 우리 은하수의 은하 하나에만 천억 개가 훨씬 넘는 별이 존재하는데, 지구가 먹여살릴 수 있는 인총人總이 고작

120억에 불과하다. 필요한 에너지의 실시간 현지 조달이란 관점에서 볼 때, 120억에 그어진 인구의 상한선은 지구의 역량을 결코 과소평가한 결과가 아니었다. 행성 지구에 120억은 수용하기 버거운 규모의 인구임에 틀림이 없다. 이 계산을 해보고 내가 그동안 지구 환경의 역량을 과대평가해 왔다고 반성했다. 바꿔 말하면 인류의 능력을 지나치게 과소평가했던 것이다.

지구상의 인구가 최근 수십 년간의 추세대로 증가한다면, 지구는 우리가 바라는 요람이 될 수 없을 것이다. 앞으로 사막과 밀림, 늪지와 영구 동토 같은 극한지마저 삶의 터전으로 삼아야 하기 때문이다. 하늘과 아브라함이 맺은 약속을 숫자 하나하나에 시시콜콜 얽매여 헤아릴 필요야 없겠지만, 인류가 천억은 고사하고 수백억의 개체로 불어나려면 지금부터라도 절제를 지고의 미덕으로 삼고 매일의 삶에서 실천해야 한다. 이렇게 따지고 보니 하늘의 약속이란 인간이 추구해야 할 절제와 다르지 않다. '소비를 미덕으로 알라'라고 외치는 현대 물질문명의 유혹은 아브라함의 후손이 부서뜨려야 할 '원수의 성문'이었다.

이제 한 발짝 더 물러서서 '페르미의 패러독스'를 돌아보자. 지구 문명이 근현대에 이룩한 급격한 발달을 볼 때, 우리보다 다만 1만 년이라도 앞서 출현한 외계 문명이 있다면 그들은 지금쯤 행성간 여행을 하고도 남을 수준의 기술을 갖고 있을 것이다. 그렇다면 외계 문명

권의 지구 방문에 관한 기록이나 흔적이 어디엔가 남아 있어야 하지 않을까. 그런데 그런 흔적을 지구 어디에서도 찾아볼 수 없다. 지구형의 고체 행성이 태어날 때부터 '운명적'으로 떠안게 된 물리적 한계가 저들에게도 '절제의 삶'을 강요했을 것이다. 그들이 진정 우리보다 앞선 문명 사회라면 절제의 미덕을 삶에 실천하지 않았을 리 없다. 그들은 무슨 일이든 적정 수준에서 만족할 줄 아는 지혜를 터득했을 것이다. 아, 그렇다면 지구 방문 따위의 실없는 짓은 하지 않겠지. 생각이 여기에 미치자 나는 우울해졌다. 외계인과의 뜨거운 악수 따위를 기대하는 건 포기해야 하니 말이다.

소비가 아니라 절제가 미덕!

북미 대륙 횡단의 종착지에서 시작된 나의 지구 걱정도 이제 매듭 지을 단계다. 결론은 확실하다. 지구 생태계를 지속 가능한 상태로 유지하여 120억의 인총만이라도 안락한 삶을 영유할 수 있게 하려면 우리는 지금부터라도 모든 것을 덜 쓰며 살아야 한다. 과학과 기술이 동력 장치 등의 에너지 효율을 개선하면 에너지 절대 소비량을 줄일 수 있을 것이다. 그리고 가장 중요한 것은 사람의 마음을 바꾸는 일이다. 에너지 효율 개선이 에너지 소비 욕구를 오히려 키울 수 있기 때문이다. '소비가 미덕'이라는 잘못된 믿음에 사로잡혀 제멋대로 살아온 우리의 마음을 근본부터 돌려놓아 '절제가 미덕'임을 알게 해야 한다. 나 한사람의 절제가 행성 지구와 인류를 살리는 길이다.

누가 현대인에게 이 깨달음의 길을 열어줄 것인가. 여태껏 종교는 나와 이웃과 신의 관계에서 추구해야 할 주요 덕목으로 사랑과 자비를 강조해 왔다. 앞으로 종교는 현대인의 가장 중요한 덕목으로 절제를 가르쳐야 할 것이다. 현대의 종교는 나와 이웃과 신의 관계에서 신, 곧 '하늘의 뜻'이 무엇인지 대중에게 가르쳐야 한다. 그것이 우리에게 주어진 절대적 경계 조건이기 때문이다.

후기를 갈음하여

늘 나에게 '피식 웃음'으로 응대하지만 아내는 북미 대륙 횡단과 지구 걱정을 함께한 유일한 동반자였다. 사운딩 보드 sounding board 의 반향을 듣고 싶어서 나는 리버사이드로 돌아오는 차 안에서 '절제의 당위성'을 아내에게 역설했다. 내가 펼치는 논지를 조용히 따라오던 아내가 툭 한마디 던졌다.

"당신, 이 자동차 처분해야겠어. 휘발유를 너무 많이 먹는다며."

나는 되우 얻어맞은 기분이었다. 멍한 정신을 추슬러 구차한 답을 찾아냈다.

"그래, 우리도 하이브리드 차를 한 대 사자고."

아내의 반격은 계속됐다.

"그때까진 그럼 어떻게 하고?"

"내 나이 이순耳順을 넘어 지공地空인데, 전보다 전철을 더 자주 이용해야지."

아, 실천! 요놈의 실천이 문제로다. 자료를 준비해 준 서영민 군과 막내아들에게 감사하면서 나의 장황한 넋두리를 접는다.

2010년 2월 6일에 쓰고 2018년 3월에 고쳐 쓰다

갈릴레오는 왜 그랬을까?

휘근 학형,

형께서는 멀리 네덜란드의 단샘이 마을(sweet lake를 의미하는 주터르메이르Zoetermeer)에 앉아서도 서울 구석구석에서 일어나는 일들을 관악에 있는 나보다 더 훤히 꿰고 계시는구려. 오늘 형께서 제게 주신 글에서 H 교수가 늘어놓은 한탄조의 심경은 바로 나 자신의 속내이기도 합니다. 이거 얘기가 길어질 조짐입니다. 준비하시구려.

어제 "한국천문우주과학의 미래"라는 좀 '거창한' 주제의 '사냥판'이 또 하나 열렸습니다. 적어도 5년 후에나 수확을 거둘 연구 시설들에 어떤 순서로 얼마만큼의 투자를 할 것이냐를 놓고 학문 공동체의 의견을 수렴하는 형식적 절차의 현장이었습니다. 5년 후면 이 몸은 현역에서 제대를 할 처지니, 나보고 앞에 나서서, 이 사냥판의 살벌해질 수도 있는 분위기를 축제의 한 마당으로 이끌어 달라는, 내게는 참으로 감당하기 어려운 부탁을 받고, 고민을 시작한 지 벌써 한 달. 드디어 '결전'의 날이 어제 도래하지 않았겠습니까. 아시다시피 소생은 쓴소리를 더 쓰게 하는 재주밖에 없어서 이런 자리에 불려나간 적이 없었습니다. 하지만 이젠 역시 나이 탓으로,…

소위 기조연설이라는 것을 제가 반시간에 걸쳐 해야 했습니다. 일부 공학자와 물리학자, 과학기술부 고위직 관리, 국무총리실 산하 과학기술연구회 이사장, 항공우주연구소 원장, 신문기자, 그리고 당연히 많은 천문학자들이 함께한 자리였습니다.

나는 발표하던 중에 갈릴레오의 고민을 이야기했습니다. 그는 망원경을 처음 만들어서 베네치아가※의 실세들에게 지평선에 가물가물하는 배부터 보여줬답니다. 군사적 가치를 미끼로 연구비를 조달받고자 하는 생각에서였을 것입니다.

'왜 달부터 보여주지 않았을까? 그가 당시에 가지고 있던 망원경은 달에서 무엇을 뚜렷히 볼 정도의 성능이 아니었던가. 그래서 더 잘 만들기 위해 돈부터 필요했을까? 아니면, 달을 보여줬더라면 베네치아 가의 실세가 그것에서 아무런 감흥을 받지 못할 것임을 갈릴레오가 미리 알고 있었기 때문일까?'

한국의 현실에서 천문학자인 내가, 저기 높은 연단에 앉아 계신 오늘의 '베네치아가 실세'들에게 보여줄 수 있는 지평선의 배는 과연 무엇이겠습니까? 그것은 우주의 구조와 기원, 외계 행성계와 생명의 발견이라고, 나는 그들에게 주장했습니다. 이것보다 더 우리 삶의 근본을 흔들 수 있는 것이 무엇이 있겠느냐는 생각에서였습니다.

우리는 또한 천문학의 발달을 통해 지구의 참모습을 보기 시작했습니다. 탐사선에 힘입어 지구 밖으로 나가 우리의 시야를 넓힐 수 있었습니다. 아주 먼 곳으로부터 지구를 돌아보고 나서, 그것이 파리해 보이기까지 하는 푸른 점에 불과함을 인식하게 되었습니다. 그러니 공해 문제에 대한 인식이 전 세계적으로 고조된 시기가 아폴로 계획 이후라는 사실은 결코 우연이 아닙니다. 현대 천문학이 지구인에게 운명 공동체로서 자신들의 위치를 가늠할 수 있게 했습니다. 우리에게 아무리 고운 심성이 있어도, '반석'같이 굳게 믿고 살아 왔던 이 지구가 우주에서 아주 보잘것없는 '먼지'에 불과한 존재라는 사실을 인식하기 전까지는, 인류는 '국가'라는 울타리를 사방에 쳐 놓고 서로 자기네 몫을 다투는 싸움질을 계속할 것입니다. 이런 의미에서 천문학은 세계 평화에도 지대한 공헌을 하고 있습니다.

토론의 장에서 천문학 이외 분야의 참가자들은 하나같이 왜 우리 대한민국이 그런 것까지 신경 써야 하느냐고 평했습니다. 그런 일은 큰 나라가 하게 내버려 두고 그들이 찾은 것을 그냥 가져다 쓰면 되지 않겠느냐는 것이었습니다. '너희 천문학도들은 오지랖도 넓다'는 식의 질타였습니다. 내가 한국의 국력이 이런 일쯤은 기획하고 추진할 수 있을 정도로 충분하다고 여러 자료를 통해 그들을 설득한다고 했는데도, 믿을 수 없었든지, 아니면 그보다 더 좋은 것들이 많다고 확신했든지, 하여간 그 무슨 연유에서인지 그들은 우주의 기원과 외계 생명 따위는 안중에도 없었습니다.

나는 그들의 질타를 받고 스스로 갈릴레오에게 던졌던 질문에 대한 답을 찾을 수 있었습니다. 갈릴레오는 현명했습니다. 그가 달부터 보여주지 않았던 데에는 예리한 통찰에 기초한 섬뜩한 계산이 깔려 있었던 것입니다. 베네치아가의 실세들은 달에서 볼 수 있는 운석 구덩이에서 아무것도 느낄 수 없었을 것입니다. 갈릴레오는 그 점을 알고 있었던 것입니다. 오늘의 베네치아가도 중세의 그들과 조금도 다르지 않습니다.

스스로의 질문에 답을 해야 하는 입장에서 나는 옹기장이의 고독을 떠올렸습니다. 쓸 만한 옹기를 계속해서 내던져 깨 버리는 장이들의 그 고집을 떠올렸습니다. 고집은 고독을 불러왔을 터인데, 장이들이 고집을 꺾지 않았던 것은, 그들이 고독을 이길 수 있는 무슨 딴 방도가 있었기 때문일까요? 아니면 고독을 이기는 길이 오로지 고집밖에 없었기 때문일까요? 나는 천문학은 극단을 추구하는 옹기장의 예술 혼魂을 가져야 한다고 강변했습니다.

나는 당신네 공학자님은, 경영학자님은, 정부 관료 나리님은, 옹기장이가 깨 버리려던 미완의 작품을 그의 손에서 빼앗아 급한 대로 쓰고자 하는 분들이라고 '폄하'했습니다. "Why we?(우리가 왜 그래야 하는가?)"라고 당신들이 내게 묻는다면, 나는 "Why not we?(우리가 왜 그러면 안 되는가?)"라고 되묻겠습니다. 우리가 국민 소득 1만 달러 시대에 들어와서 과거보다 좀 더 많이 가졌을지 모르지만, 더 행복해졌느냐고 당신들에게 묻고 싶었습니다. 당장 쓸 수 있는 옹기라고 해서 아무거나 건지려 하지 말자고 애원했습니다. 그런 수준의 그릇은 우리가 이미 많이 갖고 있지 않습니까? 아니, 이제 우리에게 필요한 것은 그런 수준의 그릇이 아니잖습니까? 그런 그릇 여러 개가 한 개보다 더 큰 행복을 우리에게 담보합니까?

결국 한국인의 마인드에 한국 천문학계가 겪는 문제의 뿌리가 있었습니다. 우리가 이 수준의 마인드에 머물 수밖에 없는 것은 한국 인문학의 문제라고 나는 진단합니다. 그래서 나는 기회 있을 때마다 한국의 기초과학을, 한국의 순수 기초과학을 키우려면, 인문학이 먼저 커야 한다고 주장합니다. 한국인에게 옹기장이의 예술 혼을 불어넣어 줄 분이 누구입니까. 그건 바로 우리나라 인문학자들의 몫입니다. 예술도 돈으로 바뀔 수 있는 것에만 몰두하는 현실, 이것을 바꾸는 일은 그대, 인문학자들의 몫이 아닐까요? 종교는 이미 시들어버린 지 오래입니다. 제도권 종교는 그들의 권위 때문에 폭삭 썩어 버렸습니다. 오늘의 종교는 우리에게 삶의 지평을 넓혀 주지 못합니다. 종교도 우리에게 돈을 통한 행복을 추구하라고 슬며시 종용합니다. 그대, 인문학자들이시여, 현자들이시여, 불쌍한 우리를 구해 주시오!

무대에서 떠나야 할 시간이 가까이 오고 있음을 의식하는 요즈음, 어제의 일이 무게를 더해 나를 더 아프게 짓누릅니다. 소생은 퇴장의 변을 마련하기 위한 시간이 필요합니다. "시간이 없어, 시간이 없어."를 반복하시던, 나의 은사 고故 유경로 교수의 퇴장 모습이 자꾸 머리에 떠오릅니다.

2003년 6월 25일 관솔재에서

홍승수 드림

하와이에서 부르는 향수

안 선생님, 보고 드립니다.

마우나케아의 서쪽 밤하늘로 벌렁 누워 버린 오리온자리를 보면서 안 선생께서 일전에 내게 들려준 얘기를 기억해 냈습니다. 관점의 조그마한 차이가 이렇게 생각의 근저를 뒤흔들어 놓을 수 있음을 새삼 인식했습니다. 이곳에서 보이는 별자리가 낯설고 새롭습니다.

'도약'이니 '우주의 문턱'이니 '영원의 시점'이니 하는 식이 아니고, '돌집Hale Pohaku'이라는 소박한 이름으로 자신들이 기거하는 동네(마우나케아의 천문대 숙소 촌)를 이름할 줄 알았던 그 어떤 사람을 나는 존경합니다. 그저 '돌로 만든 집'이 서 있던, 아니면 서 있는 장소, 이 얼마나 자연스러운 일컬음입니까. 나는 그 돌집이 쫓겨난 하와이 원

주민의 것이기를 바랐습니다. 비록 그들이 지금은 이곳에서 사라졌
더라도 말입니다. 그동안 우리는 너무 관념에만 매달려 살아오지 않
았나 반성했습니다. 그러고 보니 이메일 주소를 처음 만들면서 성간
물질의 개념을 살려 'astroism'으로 해놓고, 입가에 남몰래 흘렸던 자
기 만족의 미소가, 이제는 내게 치기와 오만의 증표같이 보입니다. 내
가 나이를 먹었기 때문입니까, 아니면 설익은 '이즘~ism'의 사기에 그
만 지쳐 버렸기 때문입니까? 나는 이제 '이즘'의 허구에서 벗어나 실
체로 다시 태어나고 싶습니다. 이것을, 지구에 태어난 한 생명이 생명
으로 누릴 수 있는 모든 권한을 되찾겠다는, 나만의 외침으로 들어주
십시오. 이 소리 역시 '관념'으로 치닫는 외침이 될 수 있다는 생각에
조심스럽기는 마찬가지입니다.

　어떻게 지내십니까? 하늘과 직접 대면하는 동안, 나는 여태껏 내
속에 깊이 잠들어 있던 또 하나의 나와 만날 수 있었습니다. 그 자아
는 세상의 주류에서 벗어나 살아온 나였습니다. 우주와 생명을 연구
한다는 이방인들에게 자기네 성지를 내놓아야 했던 하와이 원주민
의 원통함이 내 가슴을 울렸습니다. 그것은 한국에서 천문학을 하는
우리의 현실이 하와이 원주민의 신세와 크게 다르지 않기 때문일 것
입니다. 내가 감히 그들의 심경을 이해한다고 하는 주장은, 경제라는
허상에 밀려나고 노벨상의 망령에 휘둘려서, 아니면 학문하는 이들
의 '고등 사기술'에 걸려서, 학문 분야 '통폐합'의 공포 속에서 자신의

삶을 지켜야 했던 나의 지난한 과거 투쟁 경험에서 나온 것입니다. 이
제 그 투쟁은 그대들의 몫입니다.

오늘 우리 귀에 이미 묵은 때가 돼 버린 BK이니 Post BK이니 하는
요상한 이름 역시, 경제라는 허상과 다르지 않습니다. 한 나라의 교육
과 연구를 진작하려는 사업의 명칭이 고작 BK라니? 그것도 모자라
서 Post까지 BK로? 모이가 뿌려지는 방향이 바뀔 때마다 주둥이를
그쪽으로 돌려 따라가기를 언제까지 계속해야 하는지, 그렇게 하지
않으면 생존할 수 없는 것인지에 대해, 하와이 원주민의 오늘이 우리
에게 무언가를 알려줄 듯싶습니다.

얘기가 딴 데로 흘렀습니다. 안 선생께서는 야간에 '백산(마우나케
아는 흰 산을 의미함)'의 정상에서 '돌집'을 향해 이동하신 적이 있으시
지요. 나는 지난 관측 기간 중에 매일 자정을 전후로 '백산 오르내리
기'를 반복했습니다. 우리가 하는 황도광 관측에는 대상 천체의 천정
거리가 중요한 게 아니었습니다. 우리의 관측을 방해하는 태양이 지
평선 아래에 머무는 시간이 우리가 택할 행동을 결정합니다. 황혼이
깃드는 초저녁부터 새벽의 여명이 밝아지기까지 그 긴긴 추위의 시
간을 60퍼센트로 희박해진 산소로 버텨야 합니다.

구경 10미터의 거대한 망원경으로 우주의 지평선을 노려볼 줄 아
는 사람도 때가 되면 잠자리에 들어야 하고, 배가 고프면 먹어야 하
고, 적당한 주기로 배설도 해야 합니다. 뭐, 이런 일상적인 것들을 통

해 결국 가족의 고마움을 절감하면서 사는 게 우리 인간들의 삶이라는 것을 저는 이 야간 이동 중에 비로소 깨달았습니다. 너무 제 얘기가 '관념적'이라고요? 아닙니다. 그렇지 않습니다. 얘기를 더 들어보세요.

백산의 정상에서 돌집의 기저를 향해 어둠의 긴 비탈을 거의 다 내려오면, 길은 우리를 속리산으로 데려다주는 그 말티재를 연상케 합니다. 백산의 말티재 굽이굽이에서 차창을 통해 힐끗힐끗 내려다볼 수 있는 돌집 동네의 정경. 옅은 불빛이 안개같이 펼쳐치는 가운데 기숙사 동들이 옹기종기 모여 내게 조용히 들려주는 얘기, 얘기, 그리고 또 얘기. 아, 가족, 아내, 형제, 그리고 인간의 따스함이 그 정경에 고스란히 담겨 있습니다. 정지용의 「향수」를 불렀습니다.

> 하늘에는 성근 별
> 알 수도 없는 모래성으로 발을 옮기고,
> 서리 까마귀 우지짖고 지나가는 초라한 지붕,
> 흐릿한 불빛에 돌아앉아 도란도란거리는 곳.
> 그 곳이 차마 꿈엔들 잊힐 리야.
>
> ―《조선지광》65호(1927)

이 정경 또한 내게 하나의 소중한 기억으로 남을 것입니다.

화산이 만들어 준 불모의 영봉靈峯에도 산쥐들의 길은 있었습니다. 백산의 영혼靈魄과 함께하는 산쥐. 그렇습니다, 참으로 위대한 존재가 산쥐와 대화 상대가 됩니다. 여기에 우리의 살 길이 있지 않겠습니까. 내가 사륜구동 차를 타고 오르던 인간의 길은 영험靈驗한 길이 아니었습니다. 그것은 이동을 위한 경로였을 뿐, 인간이 백산과 대화를 나눌 수 있는 길은 아니었습니다. 자연의 위대함, 행성 지구의 아름다움, 사람 관계의 따스함을 보고, 감상하고, 느끼고 돌아왔습니다.

이것으로 백산 보고를 갈음합니다.

2004년 11월 18일 관조헌에서

초옹 홍승수

홍 선생님,

하와이를 다녀오셨군요. 무사히 관측을 마치고 좋은 경험과 함께 돌아오셔서 다행입니다. 좋은 글을 주셔서 감사하고요. 선생님은 제게 가끔 좋은 책도 주시고 이렇게 좋은 글도 주시는데, 저는 그렇게 하지 못하여 죄송합니다.

저도 하와이에 관측을 갔을 때 선생님이 말씀하신 한밤중은 아니지만 열한시가 넘어서 혼자 내려온 적이 있습니다. 저의 관측 때는 오후 늦게 올라가면 밤새도록 관측을 하며 그냥 그곳에서 밤을 지새우고 아침이 밝아서야 내려왔지요. 덕분에 일출의 정경과 일몰의 정경을 모두 보는 즐거움을 누릴 수 있었습니다.

그런데 제가 그곳에서 압도된 것은 백산 정상을 처음으로 올랐을 때입니다. 첫 관측 때 혼자서 초행길에 그만 '돌집'을 지나쳐 정상까지 가게 되었고 몰려오는 어두움 속에서 백산과 마주했지요. 완전히 낯선 정경을 아무도 없는 곳에서 혼자 접하니 다소 무섭기도 하고 야릇한 흥분도 느꼈지요. 오래 머물 수 없어 천문대와 일별하고 곧 아래로 내려왔습니다만, 완전히 다른 세상에 온 느낌이었지요. 타고 간 차가 공항에서 빌린 보통의 승용차라 내려올 땐 겁도 났지만 결코 잊을 수 없는 경험을 할 수 있었지요.

저도 요즈음은 가족과 있거나 가까운 사람들과 산을 오르며 자연을 함께 느낄 때가 제일 행복합니다. 저도 벌써 나이를 먹은 것인가요.

금정산록에서
안홍배 드림

잊어 버린 꽃 이름을 찾아서

영래 요아킴 형님,

지난 주말 이곳 매사추세츠 케임브리지에서 한 시간 거리인 뉴버리
포트에 사는 친구의 집을 방문했습니다. 한 세대 반에 이르는 긴 세월
동안 믿고 의지하며 지내 온 외우畏友입니다.

이 친구는 자기 집 앞 마당의 잔디를 걷어내고 거기에 꽃을 심어
놓았더라고요. 그날 친구의 집 마당엔 튤립이 절정을 넘기고 있었습
니다. 30년 넘게 이역에 머문 탓인지, 자신이 키우는 꽃의 우리말 이
름을 제게 물어왔습니다. 그건 저도 어려서 키워 본 적이 있는 꽃이었
습니다. 낯이 익은데, 이름은 기억 저편이었습니다. 김춘수 시인께 죄
스러웠습니다.

대개 5~10분 동안 머리를 '쥐어짜면' 기억이 찾아오곤 합니다. 그런데 이건 그게 아니었습니다. 우린 바닷가 식당으로 자리를 옮겼고, 주문한 음식을 기다리면서 저는 마포 종점 시절의 기억을 불러오려 애를 썼습니다. 하지만 쥐어짜기는 이번에도 무위!

메리맥 강이 대서양과 몸을 섞는 뉴버리포트에 비가 내리고 있었습니다. 이곳은 항구의 기능을 버린 지 오래된 듯했습니다. 대신 작가와 화가의 가슴과 머리는 열게 해준답니다. 점심 후에 끝없이 펼쳐진 철새 도래지를 차로 돌면서도, 쥐어짜기를 포기하지 못하는 제가 미웠습니다.

한 인간이 자신의 머릿속에 갖고 있던 기억을 잃는다면, 그는 벌써 그가 아니라는 불안이 엄습했습니다. 무엇이 나를 나이게 하는가. 그건 기억이 아니겠습니까? 그렇다면 나는 이미 내가 아니구나. 그래도 나라고 봐 줘야 하나…. 에이, 새로운 나라고 곱게 봐 주자. 케임브리지로 돌아오는 고속의 50분 길에서도 그 꽃의 이름이 저를 괴롭혔습니다.

그리고 화요일 아침이 왔습니다. 한 선배가 보내 준 '들꽃 슬라이드 집'이 이메일 속에 묻혀 있었습니다. 거기서 '금낭화'를 발견했습니다. 하지만 금낭화는 마포 강가의 중학생 홍승수가 알고 있던 그 꽃의 이름이 아니었습니다. 어머니가 가르쳐 주신 이름이 아니었습니다. 다시 쥐어짜기가 시작됐습니다. 하지만 이번에도 희망이 보이지 않았습니다. 연로하신 이모님께 여쭈면 가르쳐 주실 수 있을까.… 김춘수 시인께 얼굴 들기 민망합니다.

오늘은 네덜란드에서 온 꽃을 받았습니다. 튤립의 색동 바다였습니다. 드넓은 꽃 천지에 풍덩 던져진 느낌이 드는 사진들입니다. 어느 가수는 "사람이 꽃보다 아름다워"라고 외치던데, 꽃의 바다에 홀로 서 있는 저 사람의 외모가 꽃만큼 곱지는 않습니다. 배도 나왔고, 얼굴은 오늘따라 좀 부은 듯합니다. 이 양반 역시 저와 한 세대를 같이 넘어온 벗입니다. 가슴에 꽃보다 곱고 여린 마음을 가득 담고 사는 인물입니다. 이 친구가 두어 달 이메일 교신을 쉬며 침묵으로 일관하면, 저는 그만 안달을 하게 됩니다. 제게 그는 그런 꽃입니다.

여기 하버드-스미스소니언 천체물리학 센터에 현재 한국 출신 천문학자가 저를 포함해서 모두 여덟이 있습니다. 놀라운 숫자입니다. 이들도 실은 꽃이랍니다. 그런데 오늘 아침 갑자기, 케임브리지에서 좀 떨어진 애머스트에서 박사 학위 논문을 쓰고 있는, 저와 같은 학과 출신인 부부가 내일 저희 집에 놀러 오겠다고 연락해 왔습니다. 그러면 이곳 케임브리지 바닥에 한국인 천문학자의 인구 밀도가 역사에 없던 수준으로 급상승하게 됩니다. 단군 이래 처음 있는 일입니다. 세상 사람들은 천문학자를 멸종 위기에 처한 희귀종이라 부릅니다. 제가 이들을 꽃이라 부르는 이유는 이래서 정당합니다.

실은 꽃 얘기를 더 하고 싶어서 내일 저희 집에 모이는 꽃들을 들먹였습니다. 온다니 마시며 즐겨야겠기에, 아내와 장을 보러 나갔습니다. 지난 며칠 그렇게나 좋던 날씨가 또 심술을 부립니다. 비가 내립니다. 장을 보는 동안 자꾸 성 베드로 성당이 생각났습니다. 그 성당 마당에 겹벚꽃 고목이 두 그루 서 있습니다. 제가 벚이라고 했지만, 진짜 이름은 뭔지 모르겠어요. 으레 나뭇가지는 눈이 많이 오면 무거워 부러지곤 합니다만, 이 두 그루엔 꽃이 너무 많이 매달려서 가지가 부러질까 걱정입니다. 오늘 낮에 묵상을 하고 나오다가 한동안 넋을 잃고 바라보았습니다.

한국 식료품 가게를 나서면서 서양 슈퍼마켓으로 가자는 아내를 저는 무작정 연구소 마당으로 데려갔습니다. 연구소 길 건너 베드로 성당의 꽃이 빛을 잃기 전에 아내에게 보여주고 싶었습니다. 아, 저들과도 곧 헤어져야 합니다.

다시 만날 관악의 벚꽃이 눈에 선합니다.

2008년 5월 9일

라파엘 홍승수

소남 선생을 기리며

소남^{召南} 유경로^{兪景老} 교수를 생각하면 선생의 고매한 인품과 인간적 체취가 몹시 그리워진다. 그래서 나는 유경로 교수의 학문적 특성과 업적을 기술하기 전에 『소남 유경로 선생 유고 논문집』(1999)에 실린 회고의 글들을 다시 읽고 그분의 덕과 성품에 대한 표현들을 여기에 옮겨본다.

"엄격하고 자상함, 뛰어난 기억력, 날카로운 통찰력, 예리한 판단, 편견 없는 조언, 제자에 대한 깊은 사랑, 해박한 지식, 공부에 대한 열정, 책에 대한 관심, 끝까지 캐내는 철저한 연구 태도; 한학에 대한 깊은 조예, '개화한' 조선의 참 선비, 놀라운 스케치 솜씨, 깐깐한 미각, 꽃과 그림을 즐긴 멋쟁이."

선생의 지리, 역사, 동양 철학에 대한 해박한 지식은 출중한 기억력과 무관하지 않을 것이다. 지리에 대한 그분의 기억은 무서울 정도로 정확했다. 주로 지도에 의존해서 운전하는 나에게 "홍 선생, 그 지도 틀렸어. 이쪽으로 가야 맞아."라는 지적을 못들은 체했다가 한 번 크게 낭패를 당한 후, 나는 선생의 방향 지시에 철저히 복종하게 됐다. 어느 다리를 건너면 어떻게 생긴 소나무가 어느 쪽에 서 있고, 그 길로 얼마를 더 가다 보면 정미소가 하나 나온다는 식으로 선생은 길을 운전자에게 미리 알려주었다. 그리고 소남 선생이 『칠정산七政算』 역주에 남긴 뛰어난 업적은 그분의 한학에 대한 조예, 풍부한 역사 지식, 기하학적 예지가 뒷받침하고 있다.

학생들 사이에서는 엄격하기로 평이 자자해서 뵙기를 두려워하는 이들이 많았다. 그러나 그분의 엄격성은 외적으로 풍기는 유학자의 분위기일 뿐이고, 실제로는 따뜻한 마음으로 제자를 무척 아끼고 사랑했다. 매년 정초에 제기동으로 향하는 세배 길은 추웠으나, 선생이 끝없이 들려주시는 얘기는 댁의 온돌방처럼 늘 따스했고, 사모님이 차려주시는 떡국은 제자 사랑으로 언제나 뜨거웠다. 그분의 판단과 조언이 학생의 장래에 결정적 역할을 한 경우 또한 많았다. 나도 그들 중 한 명이다.

선생은 1917년 6월 14일 경기도 화성군 오산읍 가장리에서 부친 유병상兪炳商 선생과 모친 홍만후洪萬厚 여사의 2남 2녀 중 장남으로 출생했다.

1924년 경성사범학교 부속보통학교에 입학했고 1930년에 졸업하여 경성사범학교 보통과와 연습과를 거쳐 1936년에 경성사범학교를 졸업했다. 부속보통학교 시절 조선이 낳은 천재 화가 손일봉(1906~1985) 선생 밑에서 훗날 그분의 다음을 이을 천재 화가 이봉상과 함께 그림을 배운 추억이 한없이 아름다운 기억으로 남아 있다고 소남 선생은 회고한 적이 있다. 경성사범학교 시절의 선생은 장난이 심했고, '건방진' 데다, 천생의 게으름뱅이였다고 동기생은 회고한다. 일본어 고전 시간에는 한 시간 내내 남산의 푸른 소나무만 보았다는 것으로 미루어, 선생의 장난기와 건방짐은 일본인에 대한 민족적 울분에서 연유했음이 틀림없다. 게으름은 그분의 천재성을 일컫는 또 다른 표현일 뿐이다. 수학 시간에 교사의 설명은 안 들었어도 교과서는 혼자 열심히 공부했다고 한다. 선생의 동기생은 선생이 학업에 의욕이 없었던 철저히 나태한 학생이었을 뿐 불량 학생은 아니었다고 증언한다. 경성사범학교를 졸업하고 대구 수창보통학교에서 교편을 잡았는데, 선생은 경성사범학교에서 못한 공부를 이 시절에 혼자 다시 했다고 한다.

광복 후인 1946년 서울대학교 사범대학 물리학과에 입학해 1949년에 졸업한 다음, 고향으로 내려갔다. 오산중고등학교의 교감으로 봉직하면서 전란의 격동기(1951~1956)에 선생의 교육 이상을 실현하느라 젊음을 불태웠다. 선생은 이 시기에 추구했던 학교 운영의 민주

화에 대하여 큰 자부심을 갖고 그 시절 얘기를 제자인 나에게 자주 들려주었다.

선생은 환도 이후인 1953년부터 서울대학교 사범대학에서 시간강사를 시작했고 1955년부터 1958년까지 홍익대학교 물리학과에서 조교수로 근무하다가, 1959년에 서울대학교 사범대학의 전임강사로 발령을 받아 1982년에 같은 학교에서 정년을 맞았다.

선생이 서울대학교 사범대학에 천문학 강의를 최초로 개설한 해는 1955년이었다. 2년 후인 1957년 구소련에서 스푸트니크 1호를 발사했고, 이를 계기로 이듬해인 1958년에 서울대학교 문리과대학에 천문기상학과가 독립 학과로 설립됐다. 선생은 천문학을 가르칠 수 있는 중등 교사를 양성하기 위하여 1959년에 서울대학교 사범대학에 지학과(후에 지구과학과로 개칭됨)를 세우고 정년 퇴임까지 우리나라 지구과학 교육의 개척자 역을 다하였다.

선생은 고등학교에서의 천문 교육의 중요성을 일찍부터 인식하여 지구과학이라는 새로운 분야를 중등 과학 교육 과정에 도입하였고, 과학 교사 재교육에도 적극 참여함으로써 우리나라의 천문학을 발전시킬 어린 싹을 키우는 데 결정적인 공헌을 했다. 또한 지구과학교육회를 창립하여 지구과학 및 천문학 교육의 발전에 크게 이바지했다. 이러한 맥락에서 볼 때 현대 천문학이 우리나라에 본격적으로 도입된 것은 소남 선생에 의해 그 외형적 틀이 잡히고 내실의 기초가 다

져진 덕분이라고 하겠다.

천문 교육의 기본 틀이 마련되자 선생은 1960~1963년에 미국 밴더빌트 대학교와 인디애나 대학교의 천문학과로 가서 천체물리학을 전공하고, 1963년에는 미국 로웰Lowell 천문대에서 천문 관측 연구를 수행한 후 귀국했다. 당시 오하이오 주립대학교에서 천문학을 수학하고 돌아온 현정준 교수와 함께 선생은 우리나라 현대 천문학의 뿌리가 튼실하게 자라도록 교육에 헌신했다. 또한 선생은 1965년 봄에 한국천문학회를 창립하고 회장을 역임하면서 오늘 국내외적으로 높이 평가 받고 있는《한국천문학회지》의 기초를 마련하였다.

당시 선생과 현정준 교수가 보인 교육에 대한 열정은 가위 눈물겨울 정도였음을 나는 경험을 통해 잘 알고 있다. 학생이라고는 나와 이근명, 단 둘이거나 오인환과 함께 셋이었다. 내가 1997년 11월 5일 선생의 부음을 듣고 뻥 뚫린 가슴을 주체할 길 없어 급히 적어 놓았던 당시의 기억을 여기에 몇 자 옮겨 본다.

근명과 저는 늘 보강의 호강 속에서 대학과 대학원 시절을 보냈습니다. 동숭동 문리대에서 제기동 사범대로 선생님의 강의를 들으러 가던 길은 멀기도 했습니다. 길이 멀기보다 학기가 더 길었습니다. 선생님의 보강은 일요일과 방학 중에도 계속됐으니까요. 저희 두세 명만 앞에 놓고 오전 강의를 두어 시간쯤 하시곤, 길 건너 중국 음식점으로 저희를 데리고 가서 점심까지 사 먹이시고, 다시 학교로 들어와 텔레비전 시청의 여유를 가지신 다음, 오후에 보강을 계속하셨는데, 저희는 거기에 아주 익숙해 있었습니다. 어느 해인가는 크리스마스이브에 늦은 밤까지 강의를 해 주셨습니다.

선생의 미국에서의 공부는 귀국 후에 할 강의에 초점이 맞춰져 있었던 것 같다. 그래서 선생의 공부 노트는 단순한 필기라기보다 강의를 염두에 두고 미리 작성한 강의록이었다. 하나라도 더 가르치려는 열성 때문에 선생의 강의 내용은 교과목 이름의 범위를 훨씬 벗어나기 일쑤였다. 천문학에는 기하학적 이해가 필요한 경우가 많기도 하지만, 선생의 강의는 늘 기하학적 이해를 전제로 했다. 학습 내용을 수식을 써서 정량적으로 기술하기 전에 기하학적 그림을 통한 개념 이해로 학생을 먼저 유도하는 식이었다. 강의 중 선생이 흑판에 그려 놓은 그림을 보노라면 선생과 화가 이봉상의 교우 관계가 떠올랐다.

일단 한국천문학회의 외형적 틀이 잡히자 선생은 국립천문대 건설 사업에 뛰어들었다. 국립천문대 건설은 당시 한국 천문학자들의 숙원 사업이었다. 예로부터 천문학은 제왕의 학문이었다. 이 점을 누구보다 잘 아는 선생은 1967년부터 1973년까지 7년 동안 천문대 건설위원으로서 국립 천문대의 필요성과 그 설립의 당위성을 관계 요로에 역설하는 한편, 망원경 도입과 천문 관측소 위치 선정에 진력하였다. 등산을 좋아하고 지리에도 밝았던 선생은 후보지 선정에 중추적 역할을 하였다. 처음에 과학기술처 산하 기관으로 탄생한 국립천문대는 정부 출연 연구 기관으로 변신하여 몇 차례 주무 부처 변경을 겪은 다음 지금의 한국천문연구원으로 성장하여 우리나라 천문학 연구의 명실상부한 중심으로 자리잡았다.

내가 유학길에 오른 것이 국립천문대 설립 1년 전인 1972년 정월이었다. 나에게만 그렇게 하신 것은 아니지만, 선생은 유학할 대학의 선택, 학위 논문 주제와 지도 교수의 선정에 이르기까지 세세한 배려와 각별한 관심을 제자에게 쏟았다. 나의 흥미 대상이 항성의 생성이라는 사실을 간파한 선생은, 당시 전주계열前主系列 진화의 세계적 대가이자, 인디애나 주립대학교 유학 시절에 교분을 쌓았던 테메슈버리 Stephan Temesvary 교수가 있는 뉴욕 주립대학교를 나에게 추천했다. 그러나 별 형성의 초기 과정은 전주계열 단계의 현상이라기보다 성간 물질에서의 사건이었으므로, 테메슈버리 교수는 성간 티끌 분야의 세계적 권위자인 그린버그 Jerome Mayo Greenberg 교수가 나의 지도교수로 더 적임이라고 판단했다. 선생과 두 미국인 교수, 그리고 나 사이의 긴밀한 논의를 거쳐 결국 그린버그 교수를 지도교수로 모시게 되었지만, 이 과정에서 나는 약간의 어려움을 겪어야 했다. 선생은, 내가 서울에서 대학원에 다닐 때, 성간 티끌의 존재를 반신반의했다. 이 영향을 받아 나도 미세한 고체 입자가 성간에서 만들어져 오래 존재할 수 있다는 생각에 회의적이었을 뿐 아니라 권위자를 너무 믿지 말라던 선생의 가르침 때문에 지도교수 결정에 어려움이 따랐던 것이다. 하지만 결과적으로 존재를 의심하던 성간 티끌을 전공하게 되어 그 존재를 더욱 확실히 규명하는 좋은 결실을 거둘 수 있었다. 의심하려면 철저히 의심해야 하는 것이 과학하는 길이므로 권위를 너무 믿지 말라던 가르침이 이렇게 실현됐다.

선생이 열성적으로 가르친 제자들이 미국 유학을 마치고 1970년대 중반부터 귀국하기 시작하자, 선생의 관심 분야는 현대 천문학에서 동양 천문학사와 한국 천문학사로 서서히 옮겨갔다. 한국과학사 학계는, 선생이 남긴 『칠정산』 내외편의 역주가 "세종 시대 조선 천문학의 우수성을 확인시켜 주는 작업이었으며, 동시에 한국천문학사 연구의 기초를 다지는 계기가 되었다."고 높이 평가한다. 선생의 『칠정산』 역주는 일본의 『수시력授時曆』 역주 연구에도 크게 참고가 됐다고 한다(전상운, 1999, 『소남 유경로 선생 유고 논문집』). "한번 관심을 갖게 되어 의문이 생기면 끝까지 캐내어 밝히는" 선생의 철저하고 꼼꼼한 연구 태도가 천문학사 연구에도 그대로 반영되었음을 박성래 교수는 추모사 「유경로 교수를 추모하며」(1999, 『소남 유 경로 선생 유고 논문집』)의 도처에서 입증하고 있다. 선생은 한국과학사학회 회장(1985~1987)을 역임하면서 학회 발전에 커다란 공헌을 했다.

과학사 분야에서 이룩한 선생의 학문적 업적은 앞으로 『학문의

초석: 한국천문학사』 편을 마련하여 따로 다루어야 할 것이다. 동양 천문학사 분야의 후진 양성에 쏟아부은 선생의 절절한 마음을 나는 여러 곳에서 직접 목격할 수 있었다. 어쩌다 내가 대치동 자택을 방문하면 당신의 시간이 얼마 남아 있지 않았음을 토로하며, 한국 과학사의 주요 주제들을 노트 형식으로 서둘러 정리하는 과정을 볼 수 있었다. 이 자료가 한데 묶여 『서사쇄록 I·II』로 《한국과학사학회지》에 발표되었으니, 여기서 우리는 후학을 위한 선생의 열정을 그대로 읽을 수 있다. 나는 선생이 동양 과학사에 관심을 갖는 학생들을 대치동 자택에 모아놓고 한문 강독 및 동양 문화 전반을 교육하는 장면을 가끔 볼 수 있었다.

선생이 떠난 그해 11월 초에 나는 윤홍식 교수와 함께 서울대병원 입원실을 방문했다. 이때가 1년여 투병 기간의 끝 무렵이었다. 선생은 이 자리에서도 젊은 후학들을 교육하여 나의 누선을 자극했다.

소남 유경로 교수는 우리나라 현대 천문학의 기틀을 잡고 한국천문학사 연구의 새로운 장을 연 학문의 개척자로 우리 곁에 길이 남을 것이다.

2005년 3월 7일

덧붙이는 말

- 이 글에 나오는 유경로 교수의 경력에 관한 구체적 자료는 윤홍식 교
  수의 도움을 받았음을 밝혀둔다.

숙제를 다하지 못한 학생이 드리는 보고

오늘 아침 나는 병점에서 오산으로 이어지는 343번 지방도로를 따라 동진하면서 남쪽으로 난 샛길들을 들어갔다가 나오기를 반복했다. 주위의 풍광이 소남 유경로 선생이 영면하신 8년 전과 판이했다. 윤홍식 교수와 가장 최근에 동행한 3년 전과도 많이 달라져 있었다. 그 몇 년 사이에 정남면 일대에는 공장이 많이 들어서 있었다. 코끝을 스치는 냄새로 미루어 화공약품을 사용하거나 생산하는 업체가 주를 이루는 것으로 짐작됐다.

　산본에서 오산으로 바로 내려가지 않고, 총 주행 거리를 줄이겠다며 병점에서 큰길을 벗어난 것을 후회했다. 나의 길 찾기에는 시계視界의 방향이 중요하게 작용한다. 343번을 따라 끝까지 갔다가 되돌아서 서진西進을 하면 쉽게 찾을 수 있겠지, 하며 마음을 느긋하게 먹고 야

트막한 언덕길을 올랐다. 그런데 경사가 거의 끝나갈 즈음 그 길의 오른쪽으로 난 소로^{小路}가 눈에 익숙하게 들어왔다. 여덟 해 전의 황톳길이 어느새 포도^{鋪道}로 변해 있었지만, 주위의 산세는 내 기억과 잘 일치했다. 나는 자신 있게 차를 몰고 안으로 들어갔다.

그러니까 달포 전이었다. 박창범 교수로부터 '소남 천문학사 연구소^{召南 天文學史 硏究所}' 개소식에서 축사를 해달라는 부탁을 받았다. 연구소의 개소식과 현판식이 추분 날로 예정돼 있었다. 개소식의 내빈 축사를 과학사학계와 천문학계 인사에게 각각 부탁할 예정이었는데, 나에게 천문학계를 대표하라고 했다. 나는 천문학계를 대표할 주제가 못 된다고 사양했으나, 현직에 있는 사람으로 천문학계에서는 내가 실질적으로 최고령이라는 압력 아닌 압력이 들어왔다. 소남 선생이 병상에서 주신 숙제도 다하지 못한 주제에 내가 어떻게 축사까지…… 축사를 사양한 데는 나 나름의 특별한 사연이 있었지만 차마 그 소리를 박 교수에게 직접 할 수는 없었다.

축사를 하기로 약속하고, 8월 한 달은 아직 시간이 있으니까 하는 여유를 부렸지만, 9월에 들어서면서 내 걱정의 도가 점점 심해졌다. 그런데 일주일 전, 나의 천체물리학 강의를 듣던 한 학생이 찾아와 동양사나 기계공학 쪽으로 전과를 할 생각이어서 수강을 취소하겠다며 서류에 동의 서명을 해달라고 했다. 나는 그 학생에게 다른 것은 일절 묻지 않고 그의 한문 실력이 어떠한지 궁금하다고만 했다. 내가 못 다한 소남 선생의 숙제가 나를 이렇게 괴롭히고 있었던 것이다.

그러니까 8년 전 꼭 이맘 때 서울대학병원 입원실에서였다. 병실을 방문한 내게 선생은 '숙제'를 하나 주셨다.

"홍 선생도 예순 살이 되거든, 한문 공부를 좀 해서, 은퇴하면 소남 동양천문학사 연구소에 나와서 고전을 읽도록 해요."

나는 "네." 하고 얼른 대답은 했지만 아직 그 숙제를 다하지 못했다. 아니 앞으로도 못할 것만 같아 불안하다.

불안의 이유를 여기에 밝혀둘 필요가 있겠다. 지난 한여름에 모기에 물리면서 삶에 대해 느낀 바가 있어, 나는 「선한 모기의 묵상」이라는 제목의 짤막한 글을 한 토막 썼다. 만만한 게 중·고교적 친구인지라, 한문을 공부하는 나의 외우 김소영 박사에게 그 글을 읽어 보라고 보냈다. 그러고는 까맣게 잊고 있었는데, 동양사를 하겠다는 그 학생이 다녀간 바로 다음 날, 소영은 나의 「선한 모기의 묵상」에 대한 답이라면서, 18세기 말경 김윤식이 썼다는 『고문설苦蚊說』을 보내왔다. 이 친구, 내 한문 실력의 알량한 수준을 누구보다 잘 알고 있는지라, 『고문설』 전문을 우리말로 옮기는 수고를 아끼지 않았다. 그런데 어인 이유에서인지 그 번역문에 지명 金鼇島만은 한자 그대로 남겨 뒀다. 『국어사전』을 급히 뒤져보니 鼇→鼈 이어서, 그 사전에 부록으로 들어 있는 간이 자전을 찾아 '鼈'이 '자라 별'임을 알아냈다. 『별주부

전』이 생각나기도 해서 나는 金鰲島를 '금별도'라고 읽기로 했다. 일전에도 글자 하나를 잘못 써서 이 친구에게 혼난 적이 있어, '금별도'를 확인하는 이메일을 보내는 용의주도함을 보이는 것까지는 좋았다. 그런데 그에게서 날아온 대답은 '금오도'라는 것이었다. 내 자전에 鰲이 鼈(자라 별)과 같은 글자라고 하던데, '별'로 읽지 않고 '오'로 읽는 이유가 무엇인지 물었다. 그의 답은 다음과 같았다.

> 승수가 찾아본 자전은 틀리지 않습니다. 다만 순천^{順天} '金鰲島'의 '鰲'(오)를 '鼈'(별)로 잘못 보았을 뿐입니다. 활자가 너무 잘아서 글자가 같아 보입니다. 그래서 나는 돋보기를 늘 들고 다닙니다. 鼈(별), 鱉(별), 鰲(오), 鼇(오)의 네 글자 모두 자라의 일종을 의미한답니다.

내가 한문을 공부하는 데 '오'든 '별'이든 그건 큰 문제가 아니라고 생각했다. 문제는, 우리가 어렸을 때 '화경'이라고 불렀던 대형 볼록렌즈까지 준비하는 김 박사의 용의주도함에 있었다. 나는 여태껏 덤벙대며 대강으로 만족하며 살아왔기 때문에 한문 공부에 필요한 철저함이 무서웠던 것이다. 거의 희망이 없다고 잠정 결론을 내리고 보니, 오늘 내가 개소식에서 축사를 한다는 것이 어쭙잖게 여겨졌다. 그래도 어찌하겠는가? 프로그램에 정해진 대로 순응할 수밖에 없다는 판단이 서자 정남면으로 가서 소남 선생에게 개소식의 기쁜 소식과 함께 '숙제'의 진행 상황에 대한 보고를 드리기로 했다.

엎드려 두 번 절을 올리면서 나는 속으로 조용히 말씀드렸다.

소남 동양천문학사 연구소를 저희가 소남 천문학사 연구소로 키우기로 했습니다. 선생님이 동양 문화와 동양 천문학에 얼마나 큰 자부심을 갖고 계신지 저희는 잘 알고 있습니다. 하지만 동서양을 꼭 구별할 필요가 없다고 생각했습니다. 또 인류 천문학사의 큰 틀 안에서 동과 서를 아우르고 싶습니다. 저의 한문 공부는 현재로선 자신이 없습니다. 이렇게 어려운 일인 줄 알았더라면 더 어릴 때 시작했어야 했습니다. 금년 추분이 저희에게 아주 기쁜 날입니다. 선생님과 유족 모두에게도 기쁜 날이라고 저는 확신합니다.

이렇게 보고를 드리고 정남면에서 나와 서울로 향하면서 올려다본 하늘은 그날따라 유난히 높고 맑았다.

2005년 9월 23일 산본 우거에서

홍승수

덧붙이는 말

• 나는 소남 선생으로부터 세 가지 숙제를 받았다. 가장 나중에 받은 숙제부터 말하자면, 예순 살이 되거든 한문 공부를 시작해서 정년 후에 동양의 고전을 읽을 준비를 하라는 분부다. 이 숙제는 돌아가시기 직전에 주신 것이다. 그리고 선생의 지도로 공동 연구를 수행하거나 일반 천문학 관련 서적을 공동 번역하는 과정에서 받은 숙제도 있다. "자네는 시를 읽어야겠어. 좋은 글을 쓰려면 시를 많이 읽어 두는 게 좋아." 하면서 특히 도연명陶淵明을 읽으라고 하셨다. 세 번째 숙제는 『논어』였다. 나의 못된 성미를 다스리려면 『논어』를 공부할 필요가 있다고 하셨다.

문턱을 우아하게 넘는 의연함

『숨결이 바람 될 때』를 읽고,

어제 자정 가까운 시각에 그 '몹쓸 책'『숨결이 바람 될 때』의 마지막 쪽을 넘겼습니다. 내게 살아 있는 가르침을 준 소중한 책입니다. 내가 앞으로 겪을 과정을 환하게 들여다볼 수 있었습니다.

시큰거리던 코끝을 그전까지 잘 다스려 왔는데 본문의 마지막 문단에 와서 그만 터지고 말았습니다. "아빠가 평생 느껴보지 못한 기쁨"에서였습니다. 내가 옆에 있었다면, 그 기쁨을 두고 떠나야만 하는 저자 폴 칼라니티Paul Kalanithi를 억세게 포옹해 주고 싶었을 것입니다. 눈물뿐 아니라 신음을 제어할 수 없어 침대에서 일어나 깜깜한 거

실로 나왔습니다. 대림환 안에 촛불을 밝히고 격한 감정을 추스르려
고 하는데 사람의 신음인지 짐승의 울부짖음인지 구별할 수 없는 소
리가 내 전신을 흔들면서 그만 눈물이 터졌습니다. 내 몸 어느 구석에
그렇게 많은 물이 고여 있었던지….

　그러니까 30여 개월 전 전립샘암 4기 판정을 받았을 때도 나는 이
렇게 울지 않았습니다. 내가 환자가 되기 전에는 영화를 보고 우는 일
이 거의 없었습니다. 요즈음 저는 묵상기도, 성체조배, 묵주기도를 할
때, 제가 마지막 단계에서 비록 제 육신이 무너지더라도 정신은 무너
지지 않게 해 주십사 성모님을 조르고 하느님에게 빌었었는데 그 노
력이 이렇게 허망하게 스러지다니, 대책 부재不在의 절벽 앞에 홀로선
느낌이었습니다.

　미동도 없이 타오르는 촛불을 관통하던 생각이 반세기 전인 1969
년 6월 15일, 그 어둡던 터널의 입구를 더듬습니다(서두의 「프롤로그」 참
조). 부모님을 동시에 하느님 곁으로 보내드리는 영결미사에서였습니
다. 종로성당 대성전이, 고아가 된 4남매를 연민의 정으로 보듬어 주
려는 고마운 신자들로 가득 채워졌습니다. 군복 차림에 베 완장만 달
랑 두르고 있던 나는 성찬의 전례가 시작될 때 자리에서 일어났는데,
갑자기 폭포같이 쏟아지는 눈물을 주체할 수 없었습니다. 이때 옆 통
로에 선 채로 미사 참례를 하던 어떤 젊은 자매가 자신의 손수건을 꺼
내 내게 건네줬습니다. 그 당시 나는 고맙다는 인사조차 하지 못했습

니다. 누군지 모르는 이 자매를 그 후 나는 '나의 베로니카'라고 부르 곤 합니다.

지난밤의 동물적 울부짖음 상태에서 '나의 베로니카'가 기억의 심연에서 불쑥 떠오른 건 무슨 연유인지 잘 모르겠습니다. 그러고 '나의 베로니카' 자리에 '폴 칼라니티의 주치의 에마Emma'가 들어와 앉았습니다. 나 자신은 폴에 대비될 만한 인물이 아닙니다. 무엇보다 내 나이가 폴이 세상을 하직할 당시의 정확히 두 배라는 사실이 나로 하여금 폴을 어느 정도 객관적으로 볼 수 있게 해 줍니다.

어젯밤 그 책의 「에필로그」는 들쳐보기 두려워 그만 덮었습니다. 폴의 부인 루시Lucy가 내 아내 수산나와 겹쳐 보였기 때문입니다. 내가 현 시점에서 가장 두려워하는 건, 곧 내가 생을 마감하게 될 것이라는 사실보다, 그 이후 수산나에게 다가올 외기러기의 삶입니다. 나의 수산나는 '불구의 늙은' 외기러기가 됩니다. 루시의 용기가 놀랍긴 하지만 체외수정을 결심하기까지 폴과 루시, 특히 루시 쪽에서 겪어야 했던 마음의 갈등과 고통이 그대로 나 자신에 투영됐습니다.

나는 이 시점에서 1969년 서울대병원 영안실 앞동산에 저 멀리 혼자 서 있던 아내를 떠올리게 됩니다. 당시 스물넷의 이 여인이 겪어야 했던 마음의 갈등이 루시의 그것과 내용 면에서 크게 다르지 않았을 것입니다. 아, 불행 덩어리인 이 남자와 결혼을 해야 할지 망설였을 것입니다. 그녀는 꼿꼿이 서서 내게 말 한마디 던지지 않았고, 나 역시 그녀에게 다가가 조문해 준 데 대한 고마움을 표하지도 못했습니다.
아니 안 했다고 하는 편이 정확한 내 심경이었을 것입니다. 결혼 전 그
녀가 나와의 만남에서 겪어야 했던 고통은 이것으로 끝나지 않았습
니다. 그 이듬해 대학원 입학을 위한 신체검사에서 발견된 나의 결핵
감염 상태가 그녀를 얼마나 힘들게 했을까 미루어 짐작할 수 있습니
다. 이번에도 이 여인은 꿋꿋한 반석으로 나를 지지해 줬습니다. 그러
고 나서 그해 성탄에 아내는 '수산나'로 다시 태어났습니다. 나도 모
르게 일 년여 동안 혜화동성당에서 교리 교육을 받으며 영세를 준비
해 왔던 것입니다.

폴의 루시가 폴의 정자를 체외수정하기로 결심하기까지 루시가
겪어야 했던 고통을 나의 수산나는 한 차례가 아니라 적어도 두 차례
이상 겪었지 싶습니다. 앞으로 루시가 살아 갈 길이 얼마나 험난할지
동정이 가지 않을 수 없습니다. 내 아내 수산나와 폴의 아내 루시가
동일시됐던 배경에는 우리 둘의 이런 만남에 대한 기억이 깊숙이 자
리하고 있습니다.

슬펐습니다. 내 입장에서 수산나에게 제공할 수 있는 대책이 현실
적으로 전무하기에 이 슬픔은 깊고 아릴 수밖에 없습니다. 대책의 부
재는 공포를 불러옵니다. 지난밤 나의 슬픔은 두려움을 동반한 슬픔
이었습니다. 이제 내가 동물의 울부짖음으로 괴로워했던 저간의 사
정을 이나마 이해할 수 있게 됐습니다.

가만히 생각해 보니까 근자에 내가 보인 의연毅然함은 그동안 내가 해오던 긴긴 성체조배, 묵상기도, 묵주기도의 결과에서 비롯한 게 아니었습니다. 그건 한마디로 허세虛勢였습니다. 숨어 있어 내가 감지 못한 기도의 진짜 위력은 다른 데 있었습니다. 공감 기능을 상실한 지 오래인 나의 돌 심장이 살 심장으로 바뀌면서 연민과 공감의 능력이 되살아난 것입니다. 이제 나는 울 수 있습니다.

성모님, 고맙습니다. 연민 그 자체인 예수님, 살아난 연민과 공감의 정으로 당신 성심聖心에 새겨진 고통의 깊이를 알게 해 주신 은총에 감사합니다. 고통이 따르지 않는 연민은 연민이 아니라는 사실을 알게 해 주셔서 감사합니다. 제가 마지막 단계 들어섰을 때 오늘 밤처럼 짐승같이 울부짖지 않도록 도와주십시오. 그 문턱을 진정한 의미의 의연함으로 우아하게 넘을 수 있도록 용기와 은총을 허락해 주십시오. 아멘.

2016년 11월 12일 함허재에서

홍승수(洪承樹)

1944년 서울에서 태어났으며, 1967년 서울대학교 천문기상학과를 졸업하고 1972년 같은 대학교 대학원에서 석사 과정을 수료한 후 미국으로 건너가 1975년 뉴욕 주립대학교 대학원에서 박사 학위를 받았다. 영국 케임브리지 대학교 천문학연구소, 네덜란드 하위헌스연구소 등지에서 연구하다가 1978년에 서울대학교 교수로 임용돼 31년간 재직하고 2009년 정년 퇴임했다. 미국 플로리다 대학교에서 연구 교수를, 하버드-스미스소니언 천체물리학센터에서 방문 교수를, 일본우주항공연구개발기구JAXA에서 초빙 교수를 지냈으며, 한국천문학회 회장, 소남천문학사연구소 소장, 한국천문올림피아드위원회 위원장, 국립고흥청소년우주체험센터 원장을 역임했다.

1992년 과학기술처 장관으로부터 우수 과학 도서 번역상을, 2004년 서울대학교로부터 '올해의 교육상' 대상을, 2007년 한국천문학회로부터 소남학술상을, 2009년 한국천문학회로부터 공로상을 수상했으며, 국내외 학술지와 학술회의 프로시딩 등에 연구 논문 78편을 발표했다.

저서로 A Practical Approach to Astrophysics(1984), 『과학과 신앙』(공저, 1993), 『21세기와 자연 과학』(공저, 1994), 『우주 개발의 오늘과 내일』(공저, 1994), 『수치천체물리학 I』(공저, 1995), 『은하계의 형성과 화학적 진화』(공저, 1996), 『성간 매질에서의 물리 현상』(공저, 1997), 『감히, 아름다움』(공저, 2011), 『나의 코스모스』(2017)가 있다.

번역서로는 『天文學綱要(Outline of Astronomy I & II)』(공역, 1982), 『대폭발 (The Big Bang)』(1991), 『기본 천문학(Fundamental Astronomy)』(공역, 1993, 2008), 『천문학 및 천체물리학 서론(Introductory Astronomy and Astrophysics)』(공역, 1997), 『코스모스(Cosmos)』(2004), 『우주(Universe)』(공역, 2009), 『지구 바깥세상 우주에는(Out of This World)』(2013), 『날마다 천체물리(Astrophysics for People in a Hurry)』(2018)가 있다.

현재 서울대학교 명예교수로서 과학 대중화, 교육 혁신, 삶의 문제 등을 주제로 많은 강연을 하며 저술과 번역도 계속하고 있다.